MARGOT FLÜGEL-ANHALT

mit Titus Arnu

Unter Strom

Mein verrücktes Donau-Abenteuer mit Discounter-E-Bike und Seniorendampfer

POLYGLOTT

»Schau tief in die Natur – dann wirst du alles besser verstehen.«
Albert Einstein

Mit Gedanken von Manuel Bandeira:
»Sein wie ein Fluß, der still die Nacht durchströmt.«
(Ser como el rio que fluye silencioso en medio de la noche.)

INHALT

Deutschland

Regensburg

Donaueschingen

Passau

Donau

Wien

Österreich

Mittelmeer

Slowakei

Budapest

Ungarn

Rumänien

Serbien

Nestroy

Schwarzes Meer

*Ich danke allen Menschen, die mir
auf dem Weg weiter geholfen haben.
Ohne große Worte.
Mit viel einfacher Herzlichkeit.*

Die Menschen sind gut.

PROLOG

Leise plätschern die Wellen ans Ufer. Immer wieder springt ein Fisch silbern glänzend hoch aus dem Wasser, um ein Insekt zu fangen. Kleine Kreise ziehen sich um ihn, wenn er zurückfällt in sein Element. Es ist Sommer 2018. Ich bin auf dem Rückweg vom Pamir Highway. Von Nordhessen aus bin ich 18 000 Kilometer mit einer kleinen 125er Honda Enduro über Russland, Kasachstan und Kirgistan bis an die chinesische Grenze gefahren und durch den Iran, die Türkei und den Balkan wieder zurück.

Auf dem Rückweg mache ich einen Stopp am Fluss, der mir so viel bedeutet. Ich sitze an der Donau, träume von meiner aufregenden Reise und möchte eigentlich gar nicht mehr nach Hause fahren. Ich bin irgendwo zwischen Regensburg und Ulm. Ein kleines Dorf liegt hinten am Wald. Umgeben von Wiesen, Weiden und Schilf erreiche ich das Ufer. Niemand ist hier. Nur Sträucher und Schilf und der Fluss. In die Stille hinein dröhnt Musik, die langsam näher kommt. In mein Blickfeld gerät ein Donaukreuzfahrtschiff, es fährt flussabwärts, Menschen singen und lachen auf dem Oberdeck. Das Schiff zieht vorbei, die Musik verhallt. Es wird wieder still an meinem Fluss.

Wie wäre es, wenn ich an der Donau entlang reisen würde? Mir vielleicht sogar den gesamten Verlauf des Flusses vornehmen würde? Die Donau entspringt bei Donaueschingen und mündet ins Schwarze Meer. Das sind knapp 3000 Kilometer. Ich könnte das mit einem E-Bike machen. Ich möchte mir eigentlich kein hochausgestattetes Rad kaufen, sondern das einfachste, was es als E-Bike so gibt. Ob das geht mit dem einfachen Rad vom Discounter mit einem schwachen Akku? Das muss doch möglich sein. Ich möchte selber denken und verstehen, wenn etwas nicht funktioniert, und mich nicht zu sehr abhängig machen von komplexer Technik. Ich würde einiges an Gepäck mitnehmen müssen, schließlich möchte ich auch draußen schlafen im Zelt.

Die Abenteuer, die ich bisher erlebt habe – ich bin mit einer kleinen 125er-Honda über den Pamir Highway, mit dem Benz bis Laos und mit dem Lada Niva zum Nanga Parbat gefahren –, kann so ein Donauradwegetrip mit anschließender Rückfahrt auf einem Seniorendampfer wahrscheinlich nicht toppen. Keine bewaffnete Eskorte wie in Pakistan, kein unerreichbarer Achttausender, an der afghanischen Grenze komme ich auch nicht direkt vorbei, ich muss mich nicht verhüllen wie im Iran, vermutlich gibt es überall ausreichend Internet und hoffentlich keinen Erdrutsch. Das mit dem Radfahren werde ich irgendwie hinbekommen. Ob mir das beim Seniorendampfer auch gelingt, muss ich abwarten.

Ausflugsschiffe habe ich bisher irgendwie nicht ernst genommen. 1976, als ich von Tuttlingen nach Berlin umgezogen war, wohnte ich nahe am Landwehrkanal in Kreuzberg bei meinem lieben Bruder Joachim. In den Sommermonaten zog es uns an diesen Kanal vor dem Urbankrankenhaus. Dort waren die Wiesen einigermaßen sauber, und man konnte direkt ins Wasser. Mein Bruder war Biologe. Er nahm ein Reagenzglas mit zum Kanal, füllte das trübe Wasser hinein, schwenkte es fachmännisch und schaute es sich dann langsam und mit Bedenken im Blick an. Dann atmete er auf und sagte zu mir: »Das Wasser lebt. Wir können schwimmen.«

Ich habe meinem Bruder immer vertraut. Ich hörte ihm begeistert zu, als er sagte: »Wenn der nächste Kaffeedampfer vorbeikommt, schwimmen wir den an und schauen zu den Schifffahrtsgästen ins Café hinein.« Für verrückte Ideen bin ich immer zu haben. Also passten wir das nächste Schiff ab, schwammen direkt an die Backbordseite, drückten uns ein wenig aus dem Wasser hoch und unsere Nasen gegen die Scheiben. Meist saßen ältere Touristen in den Schiffen, um sich bei Kaffee und Kuchen gemütlich Berlin anzuschauen. Als die Gäste uns am Fenster sahen mit plattgedrückten Nasen und kreischenden Mündern, fiel ihnen der Kuchen aus dem Mund. Sie schrien hysterisch nach dem Kapitän. Als der angerannt kam, waren wir schon längst untergetaucht und weggeschwommen. Ein Heidenspaß! Aber bitte nicht nachmachen!

Ich werde mir also ein möglichst günstiges, einfaches E-Bike holen, es vorher ausprobieren und sehen, ob es funktioniert. Denn eines ist mir klar: Nur zu Fuß und mit einem Rad kann ich meinem Fluss so nahekommen.

Ich möchte lachen am Fluss.
Still werden am Fluss.
Das Fließen des Wassers hören.

Den Geruch wieder erkennen, den ich als Kind am Donauufer wahrgenommen habe. Den Geruch der Donau. Meiner Donau. Ich bin in Tuttlingen in Baden-Württemberg geboren, nicht weit weg von den Donauwiesen. Dort habe ich als Kind gespielt. Später, als Jugendliche, zog es mich mit meinen Freunden wieder an den Fluss. Wir wohnten inzwischen weiter oben auf dem Berg. Immer, wenn mich bei einer Reise der Weg über die Donau führt, spüre ich so etwas wie Heimat. Heimat fühle ich mehr beim Fluss als im Ort Tuttlingen. Es ist, als würde ich einem alten Freund begegnen. So einem, dem man alles erzählen kann. Der einem zuhört. Und ich erzähle ihm, dem Fluss, von den Abenteuern, die ich unterwegs erlebt habe.

Bevor es mich mit der kleinen Honda ins Pamir-Gebirge zog, war ich bereits Tausende von Kilometern zu Fuß unterwegs Richtung Westen auf alten Pilgerpfaden bis ans Meer, über die Alpen nach Italien und auf dem Europäischen Fernwanderweg 3 Richtung Osten. Eine Reise mit der Transsibirischen Eisenbahn bis in die Mongolei war ein Auslöser für die späteren Trips nach Zentralasien. Ich war so begeistert von dieser unglaublich schönen Landschaft, von der Herzlichkeit der Menschen, denen ich auf dem Weg begegnet bin, dass ich unbedingt wiederkommen wollte. Auch die Reise mit dem alten Benz von Nordhessen bis Laos bestärkte mich darin: Ja, es ist gut aufzubrechen, und es ist gut, wieder zurückzukommen. 2022 schließlich fuhr ich zweimal über meinen Fluss: einmal auf dem Hinweg zum Nanga Parbat im Himalaya und wieder auf dem Weg zurück.

Wenn ich aus dem Süden komme und nach Hause fahre, muss ich die Donau überqueren. Jedes Mal löst dies bei mir Gefühle des Wiedererkennens aus. Wenn ich ein Schild an einer Brücke sehe, welches die Donau ankündigt, hüpft mein Herz vor Freude. Ich versuche dann, über das Geländer hinweg einen Blick auf das Wasser zu erhaschen. Oder ich fahre runter von der Schnellstraße, hin zu den kleinen Landstraßen und hin zum Fluss. Da sitze ich dann am stillen Ufer und träume eine Weile vor mich hin, nehme den Geruch wahr, höre die Vögel im Ufergebüsch, die Kröten und Frösche, sehe den einen oder anderen Fisch aus dem Wasser springen, um eine Fliege zu erwischen.

Das Plätschern der kleinen Wellen am Ufer der Donau beruhigt mein Gemüt. Es ist nicht der Atlantik. Nicht die Wolga. Aber es ist meine Donau. Ich habe auf meinen Reisen viele Flüsse überquert, zuletzt den Indus in Pakistan, in den Bergen, wo er wild und kraftvoll über Felsen rauscht. Was für ein Fluss! Ja, ich liebe Flüsse, aber ganz besonders ans Herz gewachsen ist mir meine Donau, weil sie mich immer begleitet hat. Jetzt bin ich knapp 70 Jahre alt. 2018 habe ich mich von meiner Tätigkeit als Sozialpädagogin im Eschweger Rathaus in die Altersteilzeit verabschiedet, um endlich für längere Reisen aufzubrechen. Meine beiden Söhne und auch mein Enkelkind kennen mich nicht anders, sie würden sich wundern, wenn ich zu Hause bleiben würde. Ich mache solche herausfordernden Reisen grundsätzlich allein. Nachdem meine Partner verstorben sind, habe ich gelernt, mit mir alleine klarzukommen. Ich vertraue mir. Meine Reisen sind nicht durchgeplant. Immer wieder kann es zu Situationen kommen, in denen ich mich schnell entscheiden muss. Da ich genau weiß, was ich will, treffe ich dann die für mich richtigen Entscheidungen, ohne Kompromisse eingehen zu müssen. Ich bin gerne still unterwegs. Höre in die Natur. Lausche dem Gesang der Vögel. Nehme die Gerüche wahr. Und ich denke nach. Gespräche mit einem Mitreisenden wären dabei nicht von Vorteil. Und wenn ich alleine unterwegs bin, komme ich immer wieder sehr schnell mit fremden Menschen ins Gespräch, denen ich auf dem Weg begegne.

Das Fließen eines Flusses hat für mich etwas Heiliges. Bei diesem Anblick fühle ich Ewigkeit. Das Wasser, von dem wir alle unsere Lebendigkeit geschenkt bekommen, lässt sich durch nichts aufhalten. Und wo auch immer das Wasser auf unserem Planeten herkommt, durch Kometen- oder Asteroideneinschläge vor vier Milliarden Jahren vielleicht, diesen Weg sind auch wir gegangen. Sind wir doch alle Sternenstaub aus den Unendlichkeiten des Alls.

Es gibt ein wunderschönes Gedicht des brasilianischen Schriftstellers Manuel Bandeira, welches diese Gedanken auf poetische Weise ausdrückt. Es lautet übersetzt wie folgt:

»Sein wie ein Fluß,
der still die Nacht durchströmt.
Die dunkle Nacht nicht fürchten.
Die Sterne widerspiegeln, wenn welche am Himmel sind,
und wenn Wolken den Himmel bedecken,
Wolken, die Wasser sind wie der Fluß,
auch diese widerspiegeln, ohne Schmerz,
in den ruhigen Tiefen.«[*]

Sei wie ein Fluss, der still die Nacht durchströmt! Über diese Metapher werde ich nachsinnen am Ufer der Donau.

Es gibt Orte, die machen mich sofort glücklich, wenn ich mich dort hinbegebe. Das Meer, die Wüste, auch Flüsse, an deren Ufer ich sitze und mich entspanne. Dann kann ich anfangen zu träumen. Am fließenden Wasser lösen sich alltägliche Notwendigkeiten im Schimmern der Sonnenstrahlen auf den Wellen auf. Nichts bleibt. Alles fließt. Ich kann meinen Gedanken freien Raum geben in alle Richtungen. Zurück in die Vergangenheit, weit voraus in die Zukunft. Und schließlich denke ich nichts mehr. Lasse einfach geschehen. Wenn ich aus dieser meditativen Versenkung am Fluss wieder zurück ins wirkliche Leben gehe, wird manches leichter.

[*] Manuel Bandeira, »El Rio« (»Der Fluss«), zitiert nach: Paulo Coelho, *Sei wie ein Fluß, der still die Nacht durchströmt: Geschichten und Gedanken*, Diogenes Verlag, Zürich, 2013, übersetzt von Maralde Meyer-Minnemann

Deutschland

Still werden am Fluss

Nach der Reise ist vor der Reise

Alte Freunde

Amsel, Biber, Wolf und Katz

Achtung Akku

Fliegende Hüte

April 2023 // Thurnhosbach // Gedanken vor der Abreise
Noch während ich versuche, mein Notebook wieder in Gang zu
bringen – ich möchte wieder während dieser Reise mit dem E-Bike
jeden Tag meine Tagebucheinträge gleich in den Computer tippen –,
nerven Katz und Maus. Draußen jaulen die hormongesteuerten
Dorfkater, und drinnen streikt die Computermaus, die ich unterwegs auf der Reise zum Nanga Parbat gekauft hatte. Die Maus hat
den Geist aufgegeben, Mikrosoft will permanent Codes senden
und mir irgendetwas verkaufen, ständig ploppt auf dem Desktop
unten rechts ein Sicherheitsfenster auf, das mich warnen will. Alter
Schwede! Wie viel einfacher ist es doch, einfach loszufahren und
unterwegs zu sein.

Damals, als im Rathaus in Eschwege davon gesprochen wurde,
dass es bald einen Computer im Amt geben soll und mit ihm alles
einfacher werden wird, hatten wir bereits Bedenken. Die arme Frau
Pietsch, die damit als Erste beglückt wurde, schwitzte mit hoch-
rotem Kopf vor dem Gerät. Wir umschlichen sie aus der Ferne,
äugten bedenklich auf das blinkende Ungetüm und trauten uns
kaum, ihr guten Morgen zu sagen. Es dauerte nicht lange, da hatten
wir alle so einen Kasten auf dem Schreibtisch stehen, keiner kannte
sich aus, niemand arbeitete einen richtig ein. Heute wurschtle ich
mich wie damals durchs Computergeschehen, und nichts ist einfacher geworden, scheint mir.

Der Weg sei das Ziel, heißt es. Also versuche ich es einmal mit laut brüllen, und dann mit durchatmen. Das klappt oft, und auch heute entspanne ich mich langsam. Es ist Karfreitag. Draußen ist alles still, wie immer an einem solchen Feiertag. Immerhin ist heute der Tag, an dem an den gewaltsamen Tod Jesu am Kreuz gedacht wird. Die Auferstehung von den Toten feiere ich unterwegs. Ich hole meinen Sohn Phil und seine Frau Bee in Davos in der Schweiz ab. Sie wollen den Sommer über in unserem Haus in Nordhessen bleiben, während ich verreist bin. Sich ein bisschen vom Dauerstress im Vier-Sterne-Hotel erholen, in dem sie beide arbeiten. Ich bin auf der Autobahn unterwegs mit Lada und Anhänger, es soll auch eine Aprilia, das italienische Motorrad meines Sohnes, mit umziehen. Die Fahrt gefällt mir eindeutig besser, als mich mit der Computertechnik herumzuärgern.

Bis auf ein paar Ausstattungsgegenstände und die offene Frage der Navigation ist alles für die Reise auf dem Donauradweg fertig. Ich habe mich entschieden. Ich reise an der Donau entlang von der Quelle bis zur Mündung ans Schwarze Meer. Ich bin ausgestattet mit allem, was ich zum Zelten brauche. Dazu Kleidung für kalte und warme Tage, Regenkleidung, das Erste-Hilfe-Set, Waschzeug, die Technik für das Schreiben, das Filmen und Reparaturmaterial für das Rad. Wie ich mit der Deutschen Bahn und dem schwer bepackten E-Bike nach Tuttlingen, dem Startpunkt meiner Reise komme, muss ich noch klären. Vielleicht versuche ich es mit einem persönlichen Gespräch im Beratungscenter der Deutschen Bahn. Und vielleicht hilft mir bei den noch ungeklärten Fragen der Gedanke von Albert Einstein:»Sobald der Geist auf ein Ziel gerichtet ist, kommt ihm vieles entgegen.«

Jedenfalls spüre ich trotz aller Querelen bei den Dingen, die vor einer längeren Reise noch erledigt werden müssen, langsam auch die Vorfreude auf die Tour. Das war bei den letzten Reisen auch so.

Diese Alltäglichkeiten, bedingt durch meine selbstständige Tätigkeit als Rechtliche Betreuerin, die Ehrenämter, die verschiedenen Aktivitäten, die ich mir aufgeladen habe, das große Haus und der Garten, sie reihen sich im Alltag eins nach dem anderen auf wie auf einer Perlenkette. Gestalten die Gegenwart. Sich aber für einen längeren Zeitraum davon zu lösen, um offen zu werden für Neues, fällt mir ungeheuer schwer. Dann, wenn ich mich mühevoll von all den Aufgaben befreit habe und losfahre, könnte ich jauchzen vor Glück! Diese Freiheit! Dieses Losgelöst sein! Diese Unabhängigkeit! Diese Offenheit für alles, was da kommt!

Neulich fragte mich bei einer Veranstaltung ein Besucher, welcher Augenblick bei einer Reise für mich der ganz besondere wäre. Ja. Der Aufbruch. Zu Tränen gerührt vor Erschöpfung nach all dem Wegräumen des Alltags und zugleich vor Tränen gerührt vor unbändigem Glück!

Auch dieses Mal wollte ich wieder allein aufbrechen. Aber bereits in Tuttlingen wird das Team von streetsfilm zu mir stoßen. Das Filmteam, das sind zwei Freunde vom Jungen Theater Eschwege, dort haben wir uns kennen gelernt. Johannes Meier, Mitte 40, groß und hager und kaum ansprechbar, wenn er am Set arbeitet. Er geht so im Filmen auf, dass er um sich herum alles vergisst. Und was er schließlich nach allen Dreh- und Schnittarbeiten ans Tageslicht bringt, ist äußerst sehenswert. Paul Hartmann, Mitte 20, Mediengestalter Bild und Ton und Student der Filmproduktion, arbeitet beinahe zärtlich mit dem Material. Er führt die Drohne mit sicherer Hand. Seine Aufnahmen sind einzigartig. Beide zusammen schaffen Dokumentarfilme vom Feinsten, von meinen bisherigen Reisen auf dem Pamir Highway und nach Laos sind jeweils Filme entstanden. Sie werden in Tuttlingen mein Treffen mit Freundinnen von früher filmen, mein Ankommen in der alten Heimat. Im Schwabenländle. Noch einmal die Donau aufwärts zur Quelle in Donaueschingen und dann nur noch 3000 Kilometer Donau abwärts bis zur Mündung ans Schwarze Meer. Der Donauradweg ist einer der beliebtesten Radwanderwege in Europa. Sodass neben den Besuchen des Filmteams immer wieder andere Radreisende mit mir auf dem Weg sein werden. Erst hinter Belgrad wird es wohl ruhiger. Dort ist die Strecke nicht mehr ganz so gut ausgebaut, es gibt möglicherweise keinen Radweg mehr, daher ist der Weg auch nicht mehr durchgängig ausgeschildert. Die Reise führt immer wieder ins Hinterland, direkt an der Donau hindern Felsen oder Feuchtgebiete an der Weiterfahrt. Es wird ursprünglicher werden. Abenteuerlicher. Die wenigen Radreisenden aber, die bis zum Schwarzen Meer weitergefahren sind, schwärmen begeistert von der Herzlichkeit der Menschen in Bulgarien und Rumänien. Sind berührt von der Schönheit der Natur am Fluss.

In einem Monat fahre ich los.

***

Die Donau gehört mir, zu mir, zu meiner Kindheit. So etwas behaupten wahrscheinlich viele, die an dem Fluss aufgewachsen sind. Es gibt zehn Anrainerländer. Überall wird die Donau geliebt, genutzt und gebraucht. Inbrünstig.

Die Donau ist mit einer Gesamtlänge von 2857 Kilometern nach der Wolga der zweitgrößte und zweitlängste Fluss in Europa. Der Strom durchfließt oder berührt dabei Deutschland, Österreich, Slowakei, Ungarn, Kroatien, Serbien, Bulgarien, Rumänien, Moldau und die Ukraine – so viele wie kein anderer Fluss auf der Erde. Alle zehn Länder, durch die der Fluss oder an denen er entlang fließt, fühlen sich der Donau verbunden. Irgendwie gehört sie wohl uns allen und niemandem ganz. Aber der Fluss verbindet die Menschen, die ihn lieben. Und er strömt in meinen Gedanken, schon immer.

Für mich ist die Donau dieser Geruch von erdigem, braunem

Wasser, das Rascheln von Uferschilf, Entengequake und alljährlichen Überschwemmungen. Das gefährliche Rauschen und Dröhnen der Fluten am Wehr nach dem Winter. Da ist dieser kleine, bunte Ball. Hilflos dreht und kreist er in den sich überschlagenden Wellen, taucht unter in der braunen Gischt und nach einer Weile wieder auf. Wenn ich da hineinfalle, das spüre ich genau, ergeht es mir wie dem Ball. Wir Kinder spielen am Wehr. Kein Erwachsener weit und breit. Im weiten, unbebauten Tal zwischen den bewaldeten Hängen am Rande der Schwäbischen Alb die Überschwemmung alljährlich im Frühjahr. Hier gibt es nur Wiesen. Niemand baut auch nur einen Stall hier hinein. Keine Straße und kein Weg führen da am Ufer lang. Niemand in Sichtweite. So können wir ungestört spielen, uns erproben. Abenteuer erleben.

In Tuttlingen gab es in diesen Jahren meiner Kindheit und Jugend ein Schwimmbad. Zu Fuß sind wir durch die Stadt hingelaufen. Beinahe vier Kilometer waren das. Die Mutter gab uns Geld für den Eintritt mit. Um das Kleingeld für Süßigkeiten vom Kiosk im Bad aufzuheben, schwammen wir durch die Donau. Deren Ufer grenzte an den Zaun im hintersten Wiesenbereich des Bades. Einer bekam alle Handtücher und alle Kleider, die trocken bleiben sollten, aufgeladen und machte sich damit durchs Tor auf den Weg ins Bad. Wir anderen zogen unsere Badesachen an, stürzten uns in die braunen Fluten und schwammen mit der Strömung hinüber auf die andere Flussseite. Dort, an der Stelle, wo andere heimliche Besucher vor uns den Zaun bereits runtergedrückt hatten, kletterten wir hindurch und trafen auf der Wiese unseren zahlenden Gefährten mit den Handtüchern. Das gesparte Geld nutzten wir für gelbes Wassereis und Schaummäuse, die wir am Kiosk im Schwimmbad erwarben.

Improvisieren, Abenteuer erleben, lieber die unbequeme Variante wählen – diese Grundeinstellung ist mir geblieben, aber trotzdem muss ich meine Donauradtour grob vorausplanen. »Ha, ha, du willst mit einem E-Bike aus dem Supermarkt an der Donau entlang radeln?«, scherzt ein Bekannter. »Da geht es doch immer bergab bis zum Schwarzen Meer!«, glaubt er zu wissen. Ein Blick auf die Höhenmeter der gesamten Strecke von der Quelle in Donaueschingen bis zur Mündung zeigt ein anderes Bild. Allein auf der Strecke von Tuttlingen bis Sigmaringen, das werden meine ersten 60 Kilometer sein, bewältigt man 349 Höhenmeter. Nicht immer führt der Radweg in Sichtweite zum Fluss. Immer wieder gilt es Hügel und Berge zu überwinden. Auf dem Rad führe ich Gepäck mit. Schließlich möchte ich unterwegs, so oft es geht, am Fluss zelten. Also Schlafsack, Liegeunterlage, Zelt, einen Kocher, Campinggeschirr und eine Notration für Abendessen und Frühstück. »Warum lässt du dir das Gepäck nicht durch ein Reiseunternehmen hinterherfahren, schläfst in gebuchten Unterkünften und nimmst an den Stadtführungen teil, die vorab im Programm zu finden sind?«, fragt er noch. »Deswegen!«, antworte ich und lächle still in mich hinein. »Weil alles im Vorfeld gebucht ist.«

Ich liebe das Unwägbare. Die Freude am Unerwarteten, am Neuen hat mich mit der kleinen Honda bis ins Pamir-Gebirge geführt, mit einem alten Benz von Nordhessen bis Laos und mit einem russischen Geländewagen zum Nanga Parbat im Himalaya. Die gleiche Vorfreude auf das Abenteuer fühle ich jetzt bei den Vorbereitungen zu dieser scheinbar unspektakulären Tour im Sommer 2023. Ein Radweg! Mit dem Fahrrad!

***

Ein Vorurteil, mit dem ich es vor meiner Abreise öfters zu tun bekam: E-Bike, Das ist was für Senioren! Ha! Dann darf ich das also! Als 69-jährige Seniorin mit einem einfachen Discounter-E-Bike auf den Donauradweg! Fast 3000 Kilometer von Westen nach Osten.

Immer am Fluss entlang. Tagsüber mit der eigenen Muskelkraft und dem kleinen Akku. Nachts am Ufer im Zelt schlafen. Frühstück am Fluss. Abendessen am Fluss. Träumen, Weinen und Lachen am Fluss ...

Still werden am Fluss.

Für die 2847 Kilometer lange Strecke werde ich mir zweieinhalb Monate Zeit nehmen. Ich plane, vom 10. Mai bis 20. Juli unterwegs zu sein, also etwa 70 Tage. Es geht bestimmt viel schneller, aber ich ziehe ein gemächliches Reisen und Schauen mit Besinnlichkeit vor. Ich will Zeit haben für Besuche in Klöstern und Kirchen am Weg, für Gespräche mit Menschen am Fluss, für ein Innehalten an Wiesen, Bergketten und Nebenflüssen. Um schließlich in dieser zauberhaften Welt des Donaudeltas anzukommen, das zu den größten Biosphärenreservaten Europas zählt.

Man verbraucht übrigens 240 Kilokalorien bei 30 Minuten moderatem Radfahren. Da kann ich die Küchen der Länder, durch die ich fahre, ausgiebig genießen.

Ich bin immer schon Rad gefahren, allerdings ohne Akku-Unterstützung. Schon mit 13 Jahren bin ich mit meiner Schulfreundin Doris mit Dreigang-Fahrrädern in die Schweiz gefahren. Später, während des Studiums, holte ich mir ein Rad aus dem Lager der Fundräder für ein paar Mark. Und in der Zeit in Berlin-Kreuzberg war ich ebenfalls mit einem einfachen Rad unterwegs. Aber ein E-Bike hatte ich noch nie.

Jeden Samstag liegen bei uns zu Hause in Nordhessen Werbebroschüren im Briefkasten. In einem dieser Werbehefte habe ich das Angebot für das E-Bike gefunden, mit dem ich jetzt unterwegs bin. Ich hatte vorher in einem Fahrradladen in Kassel versucht, irgendetwas Passendes für mich zu finden. Aber die Verkäufer waren an diesem Tag so beschäftigt mit einer Vielzahl an Kunden, dass ich nach einer halben Stunde Wartezeit entnervt das Geschäft verließ. Im Internet versuchte ich mich dann schlauzumachen über die Angebote. Niemand in meiner Familie hat bisher ein E-Bike, ich konnte also niemanden von ihnen um Rat fragen. Die Nachbarinnen im Ort fahren alle eher ältere Modelle. Als ich dann das Angebot im Werbeblättchen entdeckte und fand, dass dies für den Anfang ausreicht, bestellte ich das Rad einfach online. ein paar Tage später stand es in meinem Hausflur. Für 1200 Euro war ich nun stolze Besitzerin eines E-Bikes. Glücklicherweise war mein Sohn Phil zu dem Zeitpunkt zu Besuch. Er baute mir das Rad zusammen, stellte das Display ein und pumpte die Reifen auf. Ich konnte losfahren.

Unscheinbar ist es, mein Rad. Schwarz-grau lackiert, die Räder haben 28 Zoll. Das ist ein bisschen hoch für mich. Ich komme grade mal so mit den Fußspitzen auf den Boden. Aber ich dachte, mit größeren Rädern komme ich schneller voran. Der Akku hängt ein wenig unförmig am vorderen Rohr des Rahmens. Ich kann ihn zum Aufladen am Rad lassen oder ausbauen. Rechts am Lenker sind Klingel und ein Rückspiegel, der hat links nicht mehr drangepasst. Da befindet sich der Schalter für die Gänge, das Licht und die Schiebehilfe sowie die Halterung fürs Handy, das ich für die Navigation nutze. Mittig am Lenker angebracht ist eine Halterung für die Kamera, mit der ich beim Fahren filmen kann. Den 400 Wattstunden starke Akku, der beim Kauf dabei war, habe ich ausgetauscht und einen 500 Wattstunden-Akku gekauft, um möglichst weit zu kommen an einem Tag.

Die erste Runde mit dem E-Bike war schon eine Herausforderung. Als ich bemerkte, dass ich endlich die Hügel, die um Thurnhosbach herum liegen, mit dem Rad überwinden kann, war ich begeistert. Eine längere Tour stand nun an. Im Umfeld meines Wohnorts in Nordhessen gibt es einige interessante Radwege. Sie haben Namen, die zum Beispiel Start und Ziel beinhalten. Herkules-Wartburg-Radweg, Unstrut-Werra-Radweg, Kanonen-

bahn-Radweg, Hessischer Fernradweg, Werratal-Radweg. Sie führen vorbei an Schlössern und Seen und bieten teils ungewohnte
Blicke auf die so vertraute Region. Für die Verpflegung während der
Tour sorgen wie fast überall die vielen Gasthäuser am Wegesrand.
Als Jungfernfahrt habe ich den Wartburg-Herkules-Radweg und
den Werratal-Radweg ausgewählt Eine Zweitagestour, die ich auch
an einem Tag hätte absolvieren können. Ich lasse es ruhig angehen
und übernachte in einer kleinen Pension in Creuzburg im Wart-
burgkreis in Thüringen unterhalb der mittelalterlichen Burganlage,
der ich einen abendlichen Besuch abstatte. Die Herbergseltern sind
überaus freundlich, pumpen meine Reifen auf, kümmern sich um
mein leibliches Wohl. Ich fühle mich gut aufgehoben. Diese kleine
Radtour hat mich darin bestärkt, eine weitere Strecke mit dem Rad
in Angriff zu nehmen. So fasste ich nach der Rückkehr aus dem
Himalaya im Herbst 2022 den kühnen Plan, im Sommer 2023 mit
dem E-Bike die Donau entlangzureisen.

Der Donauradweg ist Teil der Eurovelo-Route 6, die vom Atlantik zum Schwarzen Meer führt. An dieser internationalen Route
möchte ich mich orientieren. Östlich von Tuttlingen trifft der Radfernweg Eurovelo 6 auf die Donau. Anschließend folgt der Weg
dem Lauf der Donau durch Süddeutschland und Österreich bis
Wien. Hier, habe ich gehört, sollen die meisten der Radreisenden
unterwegs sein. Erst nach Budapest könnten es weniger Touristen
werden.

11. Mai // Neuhausen ob Eck über
Donaueschingen nach Tuttlingen // 20 km

Ich stehe an der Donauquelle im Schlosspark in Donaueschingen.
Wenn ich genau hinschaue, kann ich kleine Sauerstoffperlen aus
dem moosigen Untergrund des etwa acht Meter Durchmesser großen runden Brunnens aufsteigen sehen. Sie blubbern an immer

unterschiedlichen Stellen hoch; es sieht sehr geheimnisvoll aus. Auf dem Grund des etwa ein Meter tiefen Beckens liegen Geldstücke. Es heißt, wenn du eine Münze rücklings über die Schulter in diese Quelle wirfst, wird deine Reise gut ausgehen. Ich glaube auch so an einen guten Ausgang, denn die Reise hat ja auch gut begonnen.

Oben am Wandbild des Donauverlaufes von der Quelle bis zur Mündung treffe ich Bertrand aus Frankreich. Mit kurzen Radlerhosen kommt er daher auf einem Crossrad. Ohne Akku. Er zeigt auf seine kräftigen Waden und Oberschenkel und sagt: »Das hier ist mein Akku und hier und hier auch!« Dabei lacht er verschmitzt und setzt hinzu: »Aber es ist gut, dass es Akkus und E-Bikes gibt, so kann jeder versuchen, diesen Weg zu fahren.« »Woher kommst du?«, frage ich neugierig, denn er sieht so aus, als sei er bereits eine Weile unterwegs. »Vom Atlantik!«, erklärt er mir mit stolzgeschwellter – übrigens auch breiter – Brust. Ein hübscher Kerl, etwa Mitte 40. Ich bin vor drei Wochen dort auf dem Eurovelo 6 aufgebrochen und fahre bis zur Mündung ans Schwarze Meer.«

Jetzt kennt meine Freude keine Grenzen. Am ersten Tag an der Donauquelle bereits einen Gleichgesinnten zu treffen, damit habe ich nicht gerechnet. Wir umarmen uns gerührt. »Ich bin vorher noch nie aus Frankreich herausgekommen«, erklärt mir Bertrand. »Das ist meine erste große Auslandsreise.« Er spricht nur wenig Englisch, und wir unterhalten uns in seiner Landessprache, Französisch, die ich seit einem einjährigen Aufenthalt in Marokko während meiner Studienzeit noch recht gut spreche. »Wie kannst du dir so lange Urlaub nehmen?«, frage ich ihn. »Ich bin Taxifahrer, kann mir die Zeit einteilen und will bis Ende Juni an der Donaumündung ankommen.« Mit seiner Power wird Bertrand dies vermutlich auch schaffen. Ich werde langsamer reisen, nicht nur, weil ich deutlich weniger Muskeln habe, sondern auch weil ich mich unterwegs umschauen und die Natur genießen und Menschen begegnen möchte. So verabschieden wir uns voneinander und wünschen uns eine wundervolle Reise.

»Brigach und Breg bringen die Donau zuweg«, habe ich in der Grundschule in Tuttlingen gelernt. Die Breg entspringt im Schwarzwald auf 1100 Metern bei Furtwangen. Unter ein paar Fichten kommt sie zutage. Die Breg ist der mündungsfernste Zufluss der Donau, daher sehen die Furtwängler diesen Ort als wahre Quelle der Donau. Der Zusammenfluss der beiden Quellflüsse der Donau aus dem Schwarzwald ist bei Donaueschingen, hier finden wir im Schlosspark den offiziellen Startpunkt der Donau.

Hierher zur Donauquelle in Donaueschingen begleitet mich mein Filmteam Johannes Meier und Paul Hartmann. Die beiden begleiten mich seit der Tour mit der kleinen Enduro 2018 durch den Pamir immer wieder für kurze Zeit während einer Tour. Gestern sind wir mit dem Auto von Nordhessen nach Neuhausen ob Eck gefahren, heute Vormittag bis Donaueschingen, unsere drei Räder hinten auf dem Fahrradträger. Von Donaueschingen über den Zusammenfluss von Brigach und Breg fahren wir mit den E-Bikes Richtung Tuttlingen. Dort habe ich mich mit Irene und Doris verabredet, zwei guten Freundinnen aus meiner Kinder- und Jugendzeit. Da die Dreharbeiten an der Quelle und unterwegs länger als erwartet dauern, steige ich in Geisingen in den Zug, um rechtzeitig in Tuttlingen am Bahnhof zu sein. Dort erwartet mich schon Irene. 50 Jahre haben wir uns nicht gesehen. Ich bin mit 18 Jahren zum Studieren von Tuttlingen weggezogen und von dort immer weiter in die Welt hinein und nicht mehr zurück an meinen Geburtsort gekommen. Beide Freundinnen haben mich in einer Talkshow wiedererkannt und mich unabhängig voneinander über E-Mail kontaktiert.

Mit Irene besuchte ich damals die Realschule. In unserer Freizeit unternahmen wir Kurztrips an den Bodensee oder auch weiter weg bis Amsterdam. Glücklicherweise wussten unsere Eltern nicht immer so genau, was sich da jeweils ereignete. Es war eine recht wilde Zeit in den Siebzigerjahren. In einem Café erzählen wir uns ein bisschen von den Ereignissen aus diesen 50 Jahren, die zwischen damals und heute liegen. Nach und nach erkennen wir uns wieder und ja, wir haben uns verändert. Aber der Wesenskern ist derselbe.

Irene ist ein bisschen kleiner als ich, schmaler. Sie hat braune, kinnlange Haare. Damals waren ihre Haare superlang, meine natürlich auch. Wir setzen uns in eine stillere Ecke, trinken einen Kaffee. »Ich habe dich natürlich gleich erkannt, da am Bahnhof,« lächelt Irene verschmitzt. »Ich habe dich ja in den Talkshows schon gesehen.« Und sie fragt ein wenig unsicher. »Und du, hast du mich auch erkannt?« Wenn ich sie einfach nur auf der Straße gesehen hätte, wohl eher nicht, muss ich zugeben. Aber jetzt, wo wir zusammensitzen, reden, uns zuhören, erkenne ich ihre Art. »Ich erinnere mich an deine Art zu sprechen, dich zu bewegen, deine Mimik.« Ich sehe sie an. »Das hat sich kaum verändert. Wir sind wohl dieselben, wie damals,« ergänze ich. Ein paar Falten mehr, grauere Haare. Bereits als Kinder haben wir zusammen in einem Sportverein geturnt, heute sind wir immer noch fit. Das gefällt mir. Irene erzählt: »Ich fahre Ski, Abfahrt. Nicht wie manche erwarten würden Langlauf«, fügt sie stolz hinzu Wir sind beide gleich alt, derselbe Jahrgang. Beinahe 70, aber im Innern berührt von der Welt und jung im Herzen. Eine Stunde habe ich für das Wiedersehen mit Irene Zeit, dann kommt das Filmteam, um die Begegnung mit Doris zu filmen. Als wir uns voneinander verabschieden, spüren wir wohl beide Nähe und Fremdheit zugleich. Ein ganzes Leben liegt zwischen damals und heute.

Mit Doris habe ich die Hauptschule besucht, ihre Familie wohnte in der Doppelhaushälfte direkt neben uns. Wir waren etwa drei Jahre alt, als unsere Familien in die neu gebauten Haushälften zogen. Ein Glück, wie sich bald herausstellen sollte. Die Nachbarn hatten fünf gleichaltrige Kinder, wir waren damals vier Kinder. Jeder von uns fand Spielgefährten im anderen Haus. Ein Glück, so heranzuwachsen. Die Straße, auf der kaum Autos fuhren, die Wiesen und Wälder in wenigen Minuten erreichbar, das waren unsere Spielplätze. Unsere freie Zeit verbrachten wir draußen, Sommer wie Winter. Und die Eltern waren es zufrieden. Zum Abendessen kamen wir pünktlich, niemand brauchte uns zu rufen. Wir hatten nach dem langen Tag im Freien Hunger.

Doris und ich besuchen die Stelle, an der wir über die Donau geschwommen sind, um über den Zaun ins Schwimmbad zu klettern. »Der Hang kommt mir heute steiler vor als damals«, überlegt Doris. »Die Sträucher und Bäume sind höher«, füge ich hinzu. Dass Doris sich noch genauso wie ich daran erinnert, dass wir das gesparte Geld in Wassereis investierten, wundert mich. Also hat mich meine Erinnerung nicht getäuscht. Wir lachen miteinander über den erfolgreichen kostenlosen Einstieg ins Bad. Doris hat längere Haare. Braunblond, wie damals. Sie ist aufgeregt, wie ich. Auch wir haben uns über 50 Jahre nicht gesehen. Wir lachen zusammen. »Es ist gut, dich wiederzusehen«, sage ich ihr. »Ja, es ist ganz großartig!«, sagt sie. In unserer Straße finden wir schnell das Doppelhaus. Die Nummer 16, unser Haus, ist beinahe unverändert. Das Nachbarhaus, die Nummer 14, wurde umgebaut. Als wir davorstehen und über diese wunderbaren Jahre nachsinnen, schaut aus dem Fenster im ersten Stock unseres Hauses eine etwa 80 Jahre alte Frau. Sie komme aus Osteuropa, sagt sie: »Ich bin vor 51 Jahren in dieses Haus gezogen. Ihre Mutter habe ich noch kennengelernt.« Damals ist meine Mutter in eine kleinere Wohnung umgezogen. Einige Kinder waren aus dem Haus, sie wollte sich nicht mehr um all die Angelegenheiten kümmern, die mit einer Immobilie zusammenhängen. Das Haus wurde verkauft. Die Dame im oberen Stockwerk erklärt weiter:»Ich habe Sie im Fernsehen gesehen!«Und meint damit mich. Am Vorabend war ich eingeladen zur SWR-Landesschau für einen kurzen Talk in Stuttgart. Langsam schauen immer mehr Leute aus den Fenstern in der Straße. Unser Besuch mit den Jungs vom Filmteam fällt auf. Doris und ich erinnern uns an so vieles, was wir damals erlebt haben. Die Spiele auf der Straße und im Wald. Die gemeinsamen Unternehmungen. Die ersten Freunde, die wir am Autoscooter auf dem Rummelplatz einfingen. Weil wir nicht über die Haustreppen zueinander wollten, hangelten wir uns im oberen Stockwerk übers Dach auf der Dachrinne balancierend von Kinderzimmer zu Kinderzimmer. Seltsam, dass uns damals keiner diese halsbrecherische Aktion verboten hat. Wir waren frei und glücklich, und wir waren Kinder.

Wir lassen es uns nicht nehmen, noch einmal am Torpfosten des Nachbarn»Verstecklis«zu spielen.»Ich bin dran, und du versteckst dich!«, rufe ich Doris zu. Sie zögert keinen Augenblick und spielt sofort mit.»Eins, zwei, drei, vier Eckstein. Alles muss versteckt sein. Hinter mir und vorder mir gilt es nicht. Eins – zwei – drei: ich komme!«Das wird mehr gesungen als gerufen. Als ich mich vom Stein, an den ich mit dem Rücken zu Doris gelehnt stand, umdrehe, ist sie verschwunden. Was für ein Spaß! Aber sie kann nicht weit sein. Dort steht ein blaues Auto. Sicher hat sie sich dahinter versteckt. Ich schleiche mich an und tadaaa! Als ich sie sehe, laufe ich schnell zum Mauerstein zurück, schlage dort an und rufe:»Doris!« Das heißt, sie ist gefangen. Wir lachen uns gegenseitig zu. Das macht den gleichen Spaß wie vor 50 Jahren!

Doris und ich verabschieden uns voneinander. Auch sie hat sich nicht wirklich verändert, auch sie hat nur ein paar Falten mehr, genau wie ich, und ist jung geblieben im Herzen. Was für ein Glück, dass ich diese beiden Frauen wiedergesehen habe. Und was für ein Glück, dass wir uns immer noch so gut verstehen.

Es regnet. Und es ist kalt.

Seit zwei Tagen regnet es. Immer wieder und so stark, dass selbst die teuren Packtaschen durchnässt sind. Meine knallgelbe Jacke und Hose sind dicht. Immerhin. Es ist so: Am Anfang einer Reise wird alles getestet, was man sich angeschafft hat oder noch übrig hatte von einer anderen Tour. Nicht alles ist wirklich gut geeignet für jeden Trip. Manches Mal muss man sich sogar von einem Teil trennen, wie im richtigen Leben. Darüber denke ich jetzt nach, an diesen ersten Tagen am Fluss. Von wie vielen Kleidungsstücken ich mich bereits getrennt habe! Aber von viel zu vielen nicht. Auch von Menschen musste ich mich meines Seelenfriedens wegen trennen. Schwierige Geschichten. Loslassen. Was dich nicht glücklich macht. Leicht gesagt, aber nicht immer auch richtig. Probleme lösen, auch miteinander, kann sehr bereichern. Heute, am ersten Tag meiner Donautour von Neuhausen ob Eck, dem Startpunkt dieser verrückten Reise, habe ich mit Andreas Fath telefoniert. Andreas ist Professor für Chemie an der Hochschule in Furtwangen. Er durchschwamm die Donau 2022 von Sigmaringen bis zur Mündung ins Schwarze Meer. Dabei sammelte er Informationen über die Verschmutzung des Flusses u.a. durch Mikroplastik. Er erzählt mir noch einmal, wie er das Schwimmen erlebt hat. »Andreas«, frage ich ihn, dann, »wir Deutschen sind ja wohl Weltmeister im Mülltrennen. Hier am Ufer der Donau sieht man kaum Müll. Was sagst du Menschen, die das Ausmaß der Verschmutzung nicht glauben können?« Andreas denkt nicht lange nach. »Vom Fluss aus siehst du den Müll. Er liegt zwischen den Ästen, die ins Wasser hängen, und in der Uferbepflanzung.« Andreas weiß, dass insbesondere das Problem der Mikroplastik nicht leicht zu erkennen ist. »Ich halte Vorträge, bin in den Medien präsent, damit die Menschen sich diesem Thema zuwenden. Wir müssen unser Wasser noch besser schützen!«, sagt er eindrücklich. Inzwischen hat er viele Menschen um sich geschart, die mithelfen wollen, den Müll einzusammeln. Auch ich möchte mich da gerne beteiligen und werde die Augen offen halten an meinem Weg an der Donau entlang.

Weil es nun zu stark regnet, suche ich Schutz auf einer Bank vor einem Gasthaus. Ich fühle mich etwas erschöpft und lege mich hin, um vor dem Weiterfahren kurz auszuruhen. Ein Mann bringt mir ein Kissen und eine Decke, damit ich es auf der harten Bank wärmer habe. Wie nett von ihm! Allerdings bin ich fast schon wieder am Aufbrechen. Aber was für eine große Geste. Und das hier im Schwäbischen, wo man gern erst mal abwartet, wenn was Fremdes vorbeikommt. Ja, die Menschen sind gut.

Kurz vor dem Vespergottesdienst kommen wir im Benediktinerkloster in Beuron an. Der Erzabtei Sankt Martin steht Erzabt Tutilo Burger vor. Ein feines Lächeln umspielt sein Gesicht, als er uns begrüßt. Er weiß von der Reise und auch vom Film, der darüber gedreht werden soll. Das Filmteam hat im Vorfeld um Dreherlaubnis angefragt. Der Erzabt trägt eine Brille, hat graubraune kurze Haare und eine etwa 1,85 Meter große, recht sportliche Gestalt. Er lädt uns zum abendlichen Gottesdienst ein, der gleich beginnt. Die etwa 30 Mönche singen gemeinsam die Liturgie. Eine geheimnisvolle Atmosphäre entsteht durch den Gesang der Mönchsgemeinschaft in diesem geschichtsträchtigen Gebäude. Die Abteikirche aus dem 18. Jahrhundert ist über und über geschmückt mit farbigen religiösen Gemälden, Ornamenten, Girlanden und Stuck. In diesem seit 1863 bestehenden Kloster lebten früher bis zu 300 Mönche, weitere Klöster wurden von hier aus aufgebaut. »Heute,« erzählt uns der Erzabt, »gibt es nicht mehr dieses Interesse an einem religiösen klösterlichen Leben.« Er führt uns durch den großen Klostergarten, in dem Gemüse und Kräuter angebaut werden. Bienenstöcke stehen neben einer weiten Streuobstwiese. Drüben hinter den Wiesen fließt die junge Donau. »Weiter unten,« erzählt der Erzabt stolz, »haben die Mönche ein Wasserkraftwerk erbaut, mit dem bei gutem Wasserstand der Strombedarf des Klosters gedeckt werden kann«. Der riesige Gebäudekomplex umfasst Werkstätten, das Archiv, eine Bibliothek, den Wohnbereich und das Gästehaus. Tutilo Burger führt uns in den inneren Klostergarten, einen schön gestalteten Bereich am Wohntrakt der Mönche, den Gäste normalerweise nicht betreten dürfen. »Mit 20 Jahren bin ich gleich nach dem Abitur ins Kloster eingetreten.« Tutilo Burger ist ein entspannter Mitvierziger. »Das war vielleicht etwas früh,« ergänzt er. »Aber ich habe es nicht bereut.«, schließt er das persönliche Gespräch ab. »Alle Fremden, die kommen wollen, sollen aufgenommen werden, wie Christus« ist eine Benediktregel. Und so verabschiede ich mich vom Kloster mit einem ganz persönlichen Segen, den der Erzabt mir mit auf den weiten Weg gibt. Mit seiner Hand zeichnet er mir still ein Kreuz auf die Stirn.

13. Mai // Beuron über Sigmaringen Laiz nach Sigmaringen // 91 km

Wie kalt es im Mai sein kann! Die vergangenen Jahre war es im Mai zu heiß und zu trocken. Jetzt plötzlich wirken wieder die Eisheiligen. Und sie machen ganze Arbeit. Pankratius, Servatius, Bonifatius und schließlich die kalte Sophie gestern, nur dass die sich heute auch noch draußen tummelt. Wind, Regen und Kälte machen mir beim Fahren mit dem E-Bike recht zu schaffen. Die feuchte, kühle Luft im Donautal macht das Reisen nicht leichter. Immer entlang der Donau umgeben von grünen Auen, stillen Bauernhöfen, nur wenige Wanderer und Radfahrer verirren sich heute hierher. Es ist schlicht zu kühl.

Kurz vor Sigmaringen, im Ortsteil Laiz, besuchen wir Judith Kösl in ihrem Atelier, das zugleich auch ihr Zuhause ist. Ihre Kunst-

und Keramikobjekte haben vor allem eines gemeinsam: Sie sind unverwechselbar, rufen beim Betrachtenden Freude und Staunen hervor. Bereits in ihrem Vorgarten in der ansonsten bürgerlichen Siedlung sitzt eine Gruppe leicht bekleideter lachender Frauen. Frauen sind es, die Judith am liebsten gestaltet. »Sie sind einfach schöner!«, lacht sie. Und Tiere. »Die Postboten haben am Anfang die Pakete vom Weg aus einfach in den Vorgarten geworfen«, erzählt Judith. »Zuerst habe ich nicht verstanden, warum sie nicht hochkommen und die Post abgeben.« Da saßen die beiden lebensechten Dobermänner mit gefletschten Zähnen bereits vor ihrer Terrasse. Judith hat lange braune Haare, ein offenes fröhliches Gesicht und ist etwa so groß wie ich, also 1,67 Meter. Sie trägt ein leichtes Kleid, beinahe wie ihre Frauen-Skulpturen, die alle sehr weiblich aussehen. Den Kontakt zu Judith hat das Filmteam hergestellt. Sie haben recherchiert, welche besonderen Menschen auf der ersten Wegstrecke zu entdecken sind, und Informationen über das Atelier im Internet gefunden. Judith hat einem Besuch und Filmdreh zugesagt. Auch weil ich früher mit meinen Kindern einige Jahre bei Frau Alberti im Volksschulkurs in Kreuzberg getöpfert habe, bin ich an ihrem Werken und Wirken sehr interessiert. Sie zeigt uns das Haus mit den wundervoll mit gemalten Fliesen verzierten Kachelöfen. »Meine Eltern waren Künstler, so blieb mir nichts anderes übrig, als diesen Beruf auch zu ergreifen«, scherzt sie. Und ergänzt: »Das schöpferische Gestalten in vielen Facetten hat mich von jüngster Kindheit an begleitet und ist zu einem Teil von mir geworden.« Wir dürfen noch den Garten sehen, in dem sie und ihre Familie Gemüse, Kräuter und Obst anpflanzen. Zum Abschied, als gutes Omen für den weiteren Weg, schenkt Judith mir einen Herzstein vom Bodensee, den sie bemalt hat.

Ein Besuch in einer anderen Welt, voller Zärtlichkeit, Verspieltheit und Verrücktheit.

14. Mai // Sigmaringen nach Riedlingen // 118 km

Johannes Meier vom Filmteam hat sich verabschiedet, er fährt zurück nach Kassel eines Termins wegen. Paul Hartmann und ich reisen noch heute zusammen, dann wird auch Paul wegfahren.

Heute wollen wir zelten und finden eine schöne Wiese beim Vöhringer Hof in Riedlingen direkt am Radweg. Nach dem Talk in der Landesschau erkennen mich immer wieder Leute am Weg. Auch die Bauersfrau glaubt, dass sie mich im Fernsehen gesehen hat, und schickt ihren Mann, der es kaum glauben kann. »Wenn ihr das Zelt so nahe am Bach aufstellt, kann der Biber euch heute Nacht stören«, warnt mich der Mann, »der Biber fällt immer wieder Bäume, und ich ärgere ihn, indem ich die Bäume wieder aus dem Bach herausziehe.« Dann möchte er alles genau wissen. Wer ich bin, woher ich komme und wohin ich jetzt reise. Er kann es nicht glauben, dass ich hier auf seiner einfachen, aber wunderschönen Wiese zelte. Wir unterhalten uns über die Biber, die Wölfe, über die Menschen, die auf dem Radweg vorbeikommen. Es ist so ein Gespräch, wo vieles auf einmal thematisiert wird; es soll ja möglichst nicht so schnell zu Ende sein. Wir sind uns sympathisch, der Vöhringer Bauer und ich. Zum Abschied geben wir uns die Hand. Nach Covid immer noch etwas ungewohnt. Aber als ich diese Bauernhand in meiner spüre, bin ich zutiefst berührt. Eine Hand, die immer gearbeitet hat. Kraftvoll, lebendig und warm.

Am Abend habe ich auf der Kinderschaukel am Rande der stillen Wiese geschaukelt. So leise vor mich hin, wie ich es als Kind immer gemacht hatte. Die Sonne ging unter. Es wurde kühl. Normalerweise hätte ich mich zu Hause jetzt ins Haus begeben. Hätte mir etwas Leckeres zu Abend gekocht. Hätte bei einem Glas Rotwein eine spannende Doku oder einen interessanten Film in der Mediathek angeschaut. In der Küche, die warm, sauber und gemütlich ist. Eine von den Dorfkatzen sitzt mindestens bei mir in der Küche.

Es ist heimelig. Jetzt bin ich draußen. In der Natur. Ich habe nicht genug warme Kleidung dabei und versuche, ein Feuer zu machen, um mich zu wärmen. Eine kleine Amsel zwitschert noch ein letztes Lied. Der Abendzug rauscht auf den nahen Gleisen vorbei. Der Bach plätschert still. Es wird dunkel. Und kalt.

Es gibt zwei Wirklichkeiten. Mindestens. Eine Innenwirklichkeit. Und eine Wirklichkeit, die draußen stattfindet. Die beiden haben wenig miteinander zu tun. Gerüche, Geräusche, Wetterbedingungen ..., all dies lassen wir hinter uns, wenn wir abends die Türe schließen. Wer draußen bleibt, die Heimatlosen, die Reisenden, die wilden Tiere, lebt in einer anderen Welt.

15. Mai // Riedlingen nach Ulm // 178 km

Paul hat sich heute morgen nach einer kalten Nacht im Zelt verabschiedet. Knapp vier Grad waren es, sagt der Vöhringer Bauer. Auch Paul hat Termine und muss weiter.

Ich habe alles bei mir, um zu zelten. Ein neues, leichtes, grünes Zelt, Liegeunterlage und Schlafsack, die kleine Outdoorküche. Allerdings habe ich Paul meinen Himalaya Schlafsack mitgegeben und den Sommerschlafsack behalten. Der andere war einfach zu dick und zu schwer. Ich werde jetzt wohl in festen Unterkünften – Hotels, Pensionen, Gästehäusern – übernachten müssen, bevor es nachts nicht mindestens zehn Grad plus hat. Aber es wird hoffentlich irgendwann Sommer, und die Temperaturen steigen langsam. Bald wird mein Bett am Fluss sein.

Jetzt reise ich allein. Ohne Filmteam. Von Budapest bis Belgrad wollen sie wieder zum Donauradweg kommen und schließlich auf dem Weg die letzten Tage bis zum Schwarzen Meer filmen.

Ich freue mich darauf, wieder alleine unterwegs zu sein. Ich soll zwar filmen, so viel ich kann, Vorbeifahrten, besondere Vorkommnisse, Gespräche, Begegnungen. Dafür bin ich vom Team ausgestattet worden mit Kameras, Stativ, Kabeln, Ansteckmikrofon, Ladegeräten ...

Aber ab jetzt kann ich entspannt einfach so für mich hinfahren ..., denke ich in meinem jugendlichen Leichtsinn.

Heute kommt es anders. Es ist zwar immer noch recht kühl, aber wenigstens scheint hin und wieder die Sonne, als ich mich wieder auf den Radweg mache. Ich komme durch viele Orte, muss Vorfahrten beachten, Bodenschwellen überqueren. Der Radweg ist seltener gut ausgebaut, oft liegen Äste und abgefallene Blüten auf dem Weg. Der führt nicht immer entlang des Flusses, ich muss starke Steigungen überwinden und benötige dafür auch mal die Unterstützungsstufe 5. Normalerweise fahre ich mit der Stufe 1, der niedrigsten, bei der ich selbst mit Kraft in die Pedale trete. Ich möchte schließlich, dass die Reichweite des Akkus möglichst lange hält. Ohne Akku könnte ich das E-Bike nur auf gerader Strecke fahren mit all dem Gewicht. 20 Kilometer vor Ulm, meinem Tages-ziel, beginnt es zu regnen. Ich fahre mitten durch die schwäbische Pampa, keine Möglichkeit, mich irgendwo unterzustellen. Als ich endlich einen kleinen Unterschlupf finde unter einer Straßen-brücke, bin ich vollkommen durchnässt. Da der Weg immer wieder bergauf führt, ist der Akku beinahe leer. In einem Ort entscheide ich mich, den Akku zumindest so weit wieder aufzuladen, dass ich Ulm erreichen kann. Patschnass, kalt und mit leerem Akku er-reiche ich ein Kauflandgeschäft. Dort frage ich regentriefend in der Bäckerei, ob ich mein Gerät laden kann. »Alle Steckdosen sind leider belegt,« erklärt mir die Bäckereifachverkäuferin. »Hm, ungünstig«, denke ich laut. Ich schaue mich suchend um und sehe gegenüber einen Dönerladen im Kaufland. »Könnte ich bitte meinen Akku bei Ihnen aufladen, ich muss heute noch Ulm erreichen, und das Gerät ist leer,« frage ich den Inhaber. Der schaut mich mit einem seltsamen Blick an. Aber er nimmt beinahe wortlos den Akku und das Ladegerät und steckt es in eine Steckdose in seinem Laden. Nach zwei heißen Pfefferminztees und ein paar Nachrichten, die ich im kostenfreien WLAN des Supermarkts senden kann, gibt er mir den Akku zurück. Ich kann weiterfahren bis zu meiner Unterkunft in Ulm.

Die Menschen sind gut.

Als ich endlich am frühen Abend erschöpft Ulm erreiche, fällt mir beim Einchecken in den Ulmer Stuben der Akku aus der Hand. Ich versuche seinen Fall noch mit dem Fuß zu bremsen, aber er knallt auf dem Boden auf. Dabei verbiegt sich die Umhüllung, die Verbindungsteile springen aus ihren Halterungen. Das Gerät ist offen. »Oh je, so kann ich nicht weiterfahren«, stöhne ich. Ich versuche, eine Fahrradwerkstatt ausfindig zu machen, ohne Erfolg. Langsam beruhige ich mich wieder. Krame mein kleines Fahrradwerkzeug aus meinen Taschen und schraube die Umhüllung vorsichtig auf. Nach vielem Drücken und Schieben schließt sich die Umhüllung von selbst wieder. Ich lade den Akku auf und teste ihn später am Rad. Er funktioniert.

16. Mai // Ulm // 178 km

Ich nutze den eingeplanten Pausentag, um meine völlig feucht gewordene Wäsche zu waschen. Im Waschsalon Eco Express sitze ich bei den Waschmaschinen und schreibe meine Erlebnisse auf. Es ist gemütlich hier im Waschsalon. Warm. Das leise Rauschen der Maschinen schläfert mich beinahe ein. Ab und an kommen Leute, die ihre fertige Wäsche holen. Ich könnte ewig hier bleiben ...

Am Nachmittag besuche ich den höchsten Kirchturm der Welt. Das Ulmer Münster ist eine im gotischen Stil erbaute Kirche. Der 1890 vollendete Turm ist 161,23 Meter hoch. Auf dem großen Platz vor dem Münster pfeift der Wind. Es regnet wieder. Ich steige schnaufend die 768 Stufen der Wendeltreppe hinauf und freue mich, dass ich oben ziemlich alleine bin. Auch hier oben ist es kalt, windig, und draußen regnet es heftig. Da besuchen andere Touristen eher die trockeneren Sehenswürdigkeiten. So kann ich in aller Stille dieses wundervolle Bauwerk genießen.

17. Mai // Ulm nach Lauingen // 224 km

Ein Schlagloch auf einem Waldradweg hat meiner Fahrradtasche den Garaus gemacht. Ich fange an zu träumen, wenn ich so durch den frischen, grünen Frühlingswald radle. Rechts und links wächst Bärlauch, das duftet nach Knoblauch und Kobolden. Plötzlich: rumms! Die Fahrradtasche springt aus der Halterung am Gepäckträger und kracht auf den Boden. Ich bremse unkontrolliert, rutsche mit dem Vorderreifen weg und kann das schwer beladene E-Bike grade noch so halten. Als ich zurückgehe und die Tasche aufhebe, sehe ich, dass die Halterung, mit der sie am Fahrradträger angebracht war, gebrochen ist. Die Taschen sind zwar gut, aber da sie so schwer beladen sind, ist dieser Schaden beim Sturz nachvollziehbar. Wie soll ich das vollbeladene grüne Ungetüm jetzt am Fahrrad festmachen? Eine der beiden Halterungen ist noch funktionsfähig, aber so rutscht mir die Tasche beim Fahren in die Ferse. Mit den Bändeln verknote ich sie mit den anderen Taschen und hoffe, dass das irgendwie hält. Jetzt passe ich auf, weiche jedem Schlagloch aus. Und auf den unbefestigten Wegen sind das viele! Wenn die Behelfslösung nicht ausreicht, muss ich mir unterwegs eine neue Fahrradtasche besorgen.

Es ist immer noch kalt. Aber heute regnet es wenigstens nicht. Der Fahrtwind zischt mir ins Gesicht, sodass ich die Kapuze meiner Jacke über den Kopf ziehen muss. Darüber den Fahrradhelm. Ich habe alle warmen Kleidungsstücke angezogen, die ich mitgenommen habe, und sehe in meiner knallgelben Regenkombi sicher sehr seltsam aus. Aber so bin ich wenigstens von Weitem schon zu sehen. Die Autos, denen ich immer mal wieder ausweichen muss, halten gut Abstand. Die neue Regel, die seit April 2020 gilt, mindestens 1,50 Meter innerorts und zwei Meter Abstand außerorts zum Fahrradfahrenden, ist offensichtlich angekommen. Trotzdem schaue ich sicherheitshalber vor jedem Überqueren einer Straße, ob hinter mir ein Auto meine Vorfahrt vielleicht nicht beachtet.

Ich habe mich heute in einem Tiny House eingebucht. So wenigstens nennen es die Vermieter. Als ich es endlich finde, sehe ich ein kleines Gartenhaus aus Stein in einem großen Grundstück in einer Reihenhaussiedlung. Ein kleiner giftgrüner Rasenmäher fährt auf und ab und sorgt dafür, dass nichts wächst. Als ich die hölzerne Türe aufschließe, stehe ich in einem etwa zehn Quadratmeter großen Räumchen, ausgestattet mit einem weiß gestrichenen Doppelstockbett mit frisch bezogenen Betten, einer weißen Anrichte mit Spüle und Kochgelegenheit und einem Tischchen, an dem zwei Stühle stehen. Alles ist hell und sauber eingerichtet. Hinter dem Häuschen befindet sich in einem Anbau die Toilette. Es gibt kein warmes Wasser und heizen kann ich nur mit einem Elektroheizgerät. Als draußen die Sonne untergeht, wird es bitterkalt in dem mit einfachen Glasfenstern ausgestatteten Raum. Ich stelle das Heizgerät auf die niedrigste Stufe, ich weiß, dass diese Geräte viel Strom verbrauchen, und der ist teuer. Schließlich schlüpfe ich ins frisch gemachte Federbett. Hier ist es warm. Ich schlafe zwölf Stunden.

Auf dem gegenüberliegenden Grundstück steht ein Einfamilienhaus mit zwei Stockwerken, vielen Fenstern und Zimmern. Ich sehe diese beiden Häuser. Und ich denke darüber nach, ob es wirklich notwendig ist, ein solch großes Haus zu bewohnen. Ich selbst habe ja zu Hause ein großes Haus, gekauft auch für meine Söhne, wenn die sich mal wieder bei mir ausruhen wollen. In allen Zimmern stehen viel zu viele Dinge. Die Lagerräume sind voll. Würde ich in einem solch kleinen Häuschen unterkommen wie diesem Tiny House, wäre kein Platz mehr für Dinge, die man nicht wirklich braucht. Das würde vieles einfacher machen.

18. Mai // Neuburg an der Donau nach Neuhaus // 292 km

Mit null Prozent Akku bin ich hier in Neuhaus an der Donau im Brauerei-Gasthof Neuwirt angekommen. Den ganzen Tag bin ich ausschließlich mit Unterstützungsstufe 1 gefahren, auch die Steigungen. Man denkt ja, die Donau abwärts reisen heißt auch immer bergab fahren. Dem ist nicht so. Jeden Tag sind mehr oder weniger starke Steigungen dabei. Anfangs habe ich dafür die höheren Unterstützungsstufen genutzt. Macht aber den Akku schnell leer. So ist es mir heute wenigstens warm geworden, obwohl es immer noch recht kühl ist. Ich fahre jetzt mit Google Maps. Die App führt mich nicht immer an der Donau lang, sondern sucht Abkürzungen zum eingegebenen Ziel. Das geht über Bundesstraßen, holprige Feldwege, andere Radwege. Hier gibt es Radwege, die über viele Kilometer zwischen den Ortschaften angelegt sind. Das kenne ich nicht aus Nordhessen. Einmal verfahre ich mich beinahe und lande auf dem Lechradweg. Ich bin wohl bereits in Oberbayern. Habe ich gar nicht bemerkt. Erst als ich im Gasthof ankomme und die Wirtin mich im bayerischen Tonfall anspricht, weiß ich, Baden-Württemberg liegt hinter mir. Weil heute alle Läden geschlossen sind, hole ich mir einen leckeren Salat und Getränke in einem nahe gelegenen Imbiss und verziehe mich damit in mein kleines Zimmerchen im Gasthof. Das ist wichtig für mich: lange und ausgiebig auszuruhen, damit ich am nächsten Morgen gut weiterfahren kann.

Es geht mir gut, auch wenn ich ziemlich erschöpft bin nach einem solchen Tag auf dem E-Bike. Die frische Luft, das Unterwegssein, die Begegnungen mit allem, was sich da draußen tummelt, ist großartig.

Liebe, als ein starkes Gefühl mit inniger und tiefer Verbundenheit zu allem Lebendigen, das ist es, was dir begegnet, wenn du losgehst.

19. Mai // Neuhaus nach Vohburg // 327 km

Ein bisschen machen sie mir Angst, diese Bayern. Diese hier im Gasthof sind groß und starkgliedrig und sprechen laut. Irgendwie sind sie anders als die Leute im übrigen Deutschland. Alle so ein bisschen Söder. Immer wieder sehe ich auf dem Weg bei Hochzeiten oder Geburtstagsfeiern, die des schönen Wetters wegen draußen stattfinden, überwiegend junge Männer, die Lederhosen tragen. Die Verzierungen, habe ich gehört, sollen anzeigen, aus welcher Region jemand stammt. Auf Wikipedia lese ich, dass die Geschichte der bayerischen Lederhose um 1850 begann. Damals wurde diese Hose in erster Linie getragen, wenn der Adel auf der Jagd unterwegs war. Die Bauern konnten sich die fesche Hose nicht leisten, zudem war sie auf dem Acker und im Stall eher hinderlich. Als in Bayrischzell der erste Trachtenverein gegründet wurde, wurde diese Tracht nach und nach zum festen Bestandteil der Bayern. Jetzt, um den Feiertag und das lange Wochenende herum zieht es mehr und mehr Radtouristen auf die Wege. Auch das Wetter hat ein Einsehen, und ganz langsam scheint es ein bisschen wärmer zu werden. Jetzt sind auch die Unterkünfte gut ausgestattet. Die meisten Hotels haben Fahrradräume mit Stromanschluss, sodass man den Akku direkt am Rad lassen und dort laden kann.

20. Mai // Vohburg nach Bad Abbach // 381 km

Gestern bereits und heute fast die gesamte Strecke fahre ich entspannt auf dem Deich, der den Fluss von den bewirtschafteten und bewohnten Flächen trennt. Weite Wiesen und Sumpflandschaften breiten sich hier ungehindert aus. Zwischen dichten Weiden und Schilfgürteln brüten zahlreiche Vögel. Frösche stimmen ihren Hochzeitschor an. Rebhühner laufen eilig im tiefen Gras hin und her, kleine Kaninchen hüpfen über den Deich.

Bei Eining scheint der Donauradweg Richtung Kehlheim zu Ende zu sein, es gibt eine Fähre, die mich ans andere Ufer bringen kann. Mit mir zusammen wollen zwei andere Radreisende übersetzen, der Fährmann schickt uns schon mal auf das Fährschiff. Dort kassiert er die zwei Euro, die man hier für eine Überfahrt bezahlt. »Oh,« sage ich, »davon werden Sie aber nicht wirklich reich!« »Nein,« lacht er. »Die Stadt bezahlt mich für die Arbeit. Keiner hier wollte sie mehr machen. Ich bin jetzt seit sieben Jahren Fährmann«, erzählt er stolz. Die Fähre hat Stromantrieb, aber nicht elektrisch. An einem langen Stahlseil hängend treibt das Schiff mit der Strömung durch den Fluss. Der Fährmann muss nur mit einem langen, schweren Holzruder die Richtung zur Anlegestelle ansteuern. Als ihm sein Strohhut vom Kopfe geweht wird durch den Wind der Überfahrt, lacht er. »Da sind schon einige Hüte bis Rumänien geflogen!« »Kommen Sie aus Rumänien?«, frage ich ihn. »Ich komme aus Kasachstan.« Ich bin erstaunt. Wie kommt ein Kasache dazu, mitten in Bayern als Fährmann zu arbeiten ...? Die Antwort auf diese Frage bleibt offen, die Fähre hat angelegt, und wir müssen zügig das Schiff verlassen. In der Aufregung fahre ich begeistert in die falsche Richtung, also Donau aufwärts weiter.

Irgendwann, immer entlang auf dem Deich, stelle ich fest, dass die Sonne von links scheint. Da stimmt also etwas nicht. Das Fahren auf dem Deich, durch die stillen, sonnenbeschienenen urtümlichen Auen war so schön und idyllisch. Ich habe mal wieder einfach nur vor mich hingeträumt. Aber jetzt fällt mir auf, dass hier etwas ganz gravierend nicht stimmt. Bis gerade eben bin ich heute einmal ohne Navigation gefahren. Jetzt hole ich beschämt mein Handy, öffne Komoot, die Fahrradnavigation, und stelle fest: verfahren!

Um schneller wieder auf die andere Seite und in die richtige Richtung zu kommen, nämlich donauabwärts, muss ich eine stark befahrene Brücke überqueren, bleibe dann auf dem von Komoot vorgeschlagenen Weg, der mich weit weg vom Fluss führt – und verpasse so Kloster Weltenburg und den Donaudurchbruch bei der Weltenburger Enge, eines der landschaftlichen und kulturellen Highlights meiner Tour.

Hier in Bad Abbach angekommen, stelle ich fest, das kann ich so nicht durchgehen lassen. Ich werde diesen wichtigen Donauabschnitt mit dem Schiff erkunden. So sehe ich die imposanten Felsformationen wenigstens richtig.

21. Mai // Bad Abbach nach Regensburg // 431 km

Das bereits gebuchte Hotel in Regensburg kann ich nicht mehr stornieren, so entscheide ich mich, die gut 16 Kilometer mit dem Rad nach Kehlheim zur Schiffanlegestelle an der Donau zu radeln, mein schweres Gepäck lasse ich in der Fahrradgarage am Hotel in Bad Abbach. Hui, wie leicht es sich anfühlt, so ohne dieses Gewicht der Taschen! Ich erreiche mühelos eines der ersten Schiffe, die heute Richtung Kloster Weltenburg fahren, löse mein Ticket, und nun geht's wieder donauaufwärts. Wir kommen zum Donaudurchbruch, der heute seinen Schrecken verloren, aber früher zu großem Unheil geführt hat. Die Engstelle zwischen bis zu 80 Metern hohen Kalkstein-Felswänden und einer Wassertiefe von 20 Metern wird auch Weltenburger Enge genannt und ist eines der ältesten Naturschutzgebiete in Bayern. Für die Schiffer war dies früher nicht nur ein gefährlicher, sondern stromaufwärts auch nicht zu überwindender Flussabschnitt. Deshalb wurden später in die Felsen der Langen Wand Haken und Ösen eingemeißelt, um eine Passage dieser tiefen und schnellen Stelle zu ermöglichen. Über die Schiffer wacht auch heute noch in der Steinwand eine Statue des Schutzpatrons Sankt Nepomuk. Die Klosterbrauerei und die Asamkirche in Weltenburg werde ich heute nicht besuchen; ich will noch zurückradeln, mein Gepäck in Bad Abbach aufladen und weiter bis Regensburg reisen. Diese erste Runde auf dem Schiff war nicht ganz einfach. Für meinen Geschmack wird an Deck zu viel und zu laut geredet, die erklärenden Worte des Kapitäns konnte ich kaum verstehen. Ich schaue lieber und genieße den besonderen Moment. Leicht wird es also nicht für mich, am Ende meiner Reise mit dem Schiff zurückzufahren.

Immer wieder erkennen mich Menschen unterwegs als die Frau, die reist. Sie haben mich im Fernsehen oder in einer Talkshow gesehen, vielleicht auch bei YouTube oder in der ARD-Mediathek einen der Filme geschaut. Die Rückmeldungen sind positiv, die Menschen sind berührt von der Geschichte, die das Filmteam aus meinen Reisen zaubern kann. Nicht wenige kennen auch meine Bücher – »Über Grenzen«, »Einfach abgefahren« und »Hoch. Hinaus.« Auf dem Weg, in den Städten, in Hotels, immer wieder kommen sie auf mich zu, stellen fest: »Ja genau, das ist die Frau, die reist.« Wir kommen kurz ins Gespräch, sie geben mir eine Rückmeldung über ihre Eindrücke, wir verabschieden uns voneinander. Manchmal wird es sehr persönlich. Dann teilen mir Menschen belastende Dinge aus ihrem Leben mit. Und erklären, dass meine Geschichten ihnen Mut gemacht haben.

Komoot lässt mich mal wieder schwitzen, endlich. Diese Navigation sucht immer den kürzesten Weg, und das ist selten der offizielle Donauradweg. Sie fragt aber nicht nach Steigungen. Kurz vor Regensburg geht es hoch. Und runter. Und wieder hoch. Als ich im Hotel in Regensburg ankomme, bin ich völlig platt. Bis in den zweiten Stock muss ich diesmal meine Taschen schleppen, dabei reißt der Henkel des wasserdichten Packsacks aus. Diese Radtour ist eine Repariertour. Zuerst die Packtasche. Dann der Sonnenschutz am Fahrradhelm. Jetzt der Packsack. Notdürftig klebe ich den Sack mit wetterfestem Textilklebeband. Zumachen kann ich ihn noch, aber belastbar ist diese Stelle jetzt nicht mehr.

Nachdem ich mich etwas erholt habe, gönne ich mir im nahen »Katzentempel«, einem Restaurant mit leckeren veganen Bowls und vielen Katzen, eine Verschnaufpause. Leider sind die anderen Gäste wieder recht laut. Die Katzen lassen sich davon nicht stören und schlafen auf den verschiedensten Plätzen, die das junge Restaurantpersonal ihnen liebevoll eingerichtet hat. Heute werde ich nicht mehr viel von Regensburg besichtigen, aber die Steinerne Brücke lasse ich mir nicht entgehen. Die Brücke aus dem 12. Jahrhundert ist neben dem Dom das bedeutendste Wahrzeichen in Regensburg und war sicher auch ein Grund für die Aufnahme der Stadt in die UNESCO-Welterbeliste. Die Brücke wurde innerhalb von elf Jahren erbaut, damit der rege Handelsverkehr den Fluss überqueren konnte. Nahezu 800 Jahre lang blieb sie die einzige Brücke, die im Umkreis als zuverlässiger Donauübergang diente. Die steinernen Rundbögen überspannen auf 300 Metern den Fluss. Heute ist die Brücke ein absoluter Touristenmagnet. Ich setze mich auf die Brückenmauer und schaue den Menschen zu, die die Brücke überqueren. Ein Musikant spielt auf der Geige zu Musik vom Band. Ich schaue flussabwärts. Hier ist die Strömung recht stark. Wie wird wohl meine Reise an diesem Fluss weitergehen? Ich bin jetzt grade mal zehn Tage unterwegs. Und habe bereits so viel gesehen, so viel erlebt, bin so vielen Menschen begegnet. Robert, der Geiger, spielt weiter seine Melodien, und ich mache mich auf den Weg zurück in meine Unterkunft. Regensburg liegt am nördlichsten Punkt, den die Donau auf ihrem Weg zum Schwarzen Meer berührt. Ab jetzt geht es immer weiter südöstlich.

Im Fahrradladen gibt es die richtige Packtasche. Der freundliche Ladeninhaber des Geschäfts Rosenhammer in Regensburg, Josef Rosenhammer, hat alles. Und er hilft. Ich zeige ihm das gebrochene Halterungsteil. Er vermutet, dass nicht die richtigen Hülsen in der Halterung waren und die Tasche deswegen beim Durchfahren des Schlagloches auf dem Waldweg herausgesprungen ist. Betrübt schaue ich meine schöne grüne Packtasche an. Eigentlich ist sie noch super erhalten. »Sie können das Teil ersetzen, nur eben nicht auf die Schnelle«, erklärt er mir. Da kommt mir eine Idee. »Ich nehme Ihre Tasche; ich brauche eine, die problemlos funktioniert. Aber ...«, zögere ich ein bisschen, »könnten Sie denn die andere Tasche auf dem Postweg zu mir nach Hause schicken? Wäre das möglich? Dann kann ich sie in aller Ruhe reparieren und mir das Ersatzteil bestellen, wenn ich zurück bin ...« Josef Rosenhammer hat damit überhaupt kein Problem. Wir einigen uns auf einen Preis für die Arbeit und den Versand. Dann montiert er mir die Halterungen so an, dass sie an meinen mageren Gepäckträger passen. Der arme Träger ist mit all dem Gepäck ziemlich überlastet. Eigentlich dürften da höchstens 15 Kilogramm drauf, aber mit all dem, was ich auch zum Zelten und Filmen brauche, kommt das Gepäck weit über diese Zuladungsgrenze. Jede Tasche wiegt etwa sechs Kilogramm, und es sind drei davon auf dem Gepäckträger. Am Lenker hängt die Fronttasche mit noch mal zwei Kilogramm. Dafür nimmt mein Gewicht von Tag zu Tag ein wenig ab. Die Strampelei auf dem Rad zehrt. So gleicht sich alles aus. Josef Rosenhammer wünscht mir eine gute Reise und ruft mir hinterher. »Sie sind eine echte Weltenbummlerin!« Dabei weiß er wohl gar nicht, wer ich bin. Sein Kommentar geht mir durch den Kopf während der langen Tour bis Straubing, heute überwiegend im Donautal. So richtig bummeln tue ich eigentlich nicht. Es gibt ja diesen Termin am 23. Juli, der

Tag, an dem mein Kreuzfahrtschiff mich wieder vom Donaudelta mit zurücknimmt nach Wien. Bis jetzt bin ich gut im Zeitplan, den ich eigens dafür entworfen habe. Aber die maximal 60 bis 70 Kilometer, je nach Steigungen, die ich mit dem Akku täglich nur machen kann, hatte ich so nicht eingeplant. Bernard aus Frankreich, den ich an der Donauquelle traf, schafft 100 Kilometer am Tag mit seinen beeindruckenden Muskeln. Ich hänge am Strom, wie Johannes Meiers Tesla. Selbst, wenn ich selbst noch weiterfahren könnte, wenn der Akku leer ist, könnte ich das schwer beladene E-Bike nicht mehr bewegen. So plane ich nun meine Tagesetappen akkugerecht.

Ich navigiere mit zwei Handys und Komoot. Wenn diese App sich verheddert hat, nehme ich auf dem anderen Handy Google Maps. So komme ich auch mit den Wegebezeichnungen gut voran. Allerdings gibt es hier Unmengen von Fahrradwegen in alle Richtungen. Heute Morgen war ich kurzzeitig gar am falschen Fluss unterwegs. Donauzuflüsse gibt es hier nämlich ebenso viele wie Fahrradwege. Und am langen Wochenende viele Radfahrer. Es ist wärmer geworden. Endlich. Das lockt die anderen Reisenden auf die Wege. Sie werden bevölkert von Fahrradfahrenden, von Wandernden, von Hunden, von geparkten E-Scootern und Autos. Immer wieder überquere ich Straßen, und auch wenn ich Vorfahrt habe, muss ich höllisch aufpassen, ob ein abbiegendes Auto tatsächlich anhält. Ich kenne das aus Berlin. 17 Jahre lang habe ich dort in Kreuzberg gelebt und war überwiegend mit dem Rad unterwegs. Zugegeben, eher kamikazemäßig als regelhaft. Aber ich war jung und wollte an Ampeln nicht warten. Fahrradwege gab es damals kaum, das war ein Straßenkampf zwischen Autos und Fahrrädern. Unser Vorteil: Wir waren wendiger. Heute und insbesondere mit all dem schweren Gepäck bin ich vorsichtiger. Schließlich will ich am Schwarzen Meer ankommen. Meine begleitenden Engel jedenfalls haben mich aufgefordert, mich gut an die Regeln zu halten.

Ich bin wieder im Kloster gelandet. Auch dieses Mal ein Benediktinerkloster wie in Beuron, auf einer Anhöhe über dem Ort bei Vilshofen auf dem Schweiklberg. Ich übernachte im Gästehaus. Mit mir sind hier noch zwei Motorradfahrer aus Würzburg und ein paar andere junge Reisende. Und natürlich die Mönche, vielleicht 40 Männer insgesamt, alle älter. Auch in diesem Kloster gibt es kaum Nachwuchs. Dabei könnten in dem riesigen Gebäudekomplex viel mehr Mönche unterkommen. Neben dem Gästehaus und dem Gebäudeteil, in dem die Mönche wohnen, gibt es die Chorkapelle, die Kirche, ein Archiv, Bibliotheken, eine Realschule, die dem Kloster angegliedert ist, und eine Cafeteria, in der ich heute bei strahlendem Sonnenschein einen leckeren Salat mit gegrilltem Lachs gegessen habe.

Mehr als 60 Kilometer habe ich heute über Land mithilfe von Google Maps zurückgelegt, weil die Strecke kaum Steigungen aufweist, in der Hoffnung, dass der Akku durchhält. Den Donauradweg ließ ich links liegen; sonst wäre der Weg mindestens acht Kilometer länger gewesen. Eigentlich könnte ich bei trockenem und warmem Wetter mehr Strecke machen. Aber unterwegs den Akku aufladen ist äußerst umständlich. Eine Stunde aufladen bringt höchstens zehn Kilometer mehr, die ich dann fahren könnte. Ich werde die warmen Kleidungsstücke und andere nicht unbedingt benötigte Gegenstände zusammenpacken und nach Hause senden, um Gewicht zu reduzieren. Das wird nicht nur meinem Gepäckträger guttun, sondern mein Vorankommen verbessern. Morgen erreiche ich Passau, die Drei-Flüsse-Stadt. Hier kommen die schwarze Ilz, die blaue Donau und der grüne Inn zu einem großen Fluss zusammen und erschaffen aus der Donau einen Strom.

24. Mai // Vilshofen nach Passau // 578 km

Die Nacht im Kloster war ruhig. Obwohl andere Reisende mit mir dort untergebracht waren und die Mönche im selben Gebäudekomplex wohnen, habe ich nichts gehört von den anderen. Nach dem kargen Frühstück breche ich auf nach Passau. Endlich ist es ein bisschen wärmer. Endlich blüht der Mohn auf den Feldern. Endlich wird es ein wenig sommerlicher auf dieser Tour. Das warme Hemd mit den langen Ärmeln, das ich kurz vor der Abfahrt schnell noch eingepackt habe, soll zurück, ebenso ein Wolltuch, eine Powerbank, die ich nicht benötige, ich habe zwei andere und ein paar Wäschestücke, die zu viel sind und die ich hoffentlich nicht brauche. Ich muss Gewicht reduzieren. Ballast abwerfen. Bei der Poststelle besorge ich mir ein Paket und belade es mit all dem, was nicht notwendig ist. Die zwei Tage, die ich in Passau bleibe, werde ich außerdem nutzen für die weitere Textbearbeitung für das Buch über diese Reise. Heute Abend treffe ich mich mit Joschija Bauer, der mit mir oberhalb von Passau ein Fotoshooting für einen Artikel in der Ver.di Zeitung machen möchte. Bereits als Jugendliche war ich in der Gewerkschaftsjugend und auch während meiner späteren Tätigkeit Gewerkschaftsmitglied. Jetzt, als Rentnerin, möchte ich mit meinem kleinen Mitgliedsbeitrag noch eine Weile die Berufstätigen und ihre Vertretung gegenüber den Arbeitgebern unterstützen.

25. Mai // Passau // 583 km

Das Wetter am Vorabend war nicht gut für ein Fotoshooting, keine Abendsonne, leichter Regen. Nach kurzen Botschaften über WhatsApp verschieben Joschija Bauer und ich das Treffen auf heute. Er kommt pünktlich zum vereinbarten Treffpunkt, bringt seine etwa sieben Jahre alte Tochter Franziska mit. »Ich habe ihr von dir erzählt, und da wollte sie unbedingt mitkommen,« lacht er. Er lädt meine Packtaschen in sein Auto, es geht recht steil und über 500 Meter den Kühberg hinauf. Ich schaffe das; allerdings nur in der Unterstützungsstufe 5. Joschija hat oben bereits seine »persönliche Sonne« aufgebaut, eine Lichtquelle, die er bei jedem Foto kurz dazuschaltet. Er macht ein paar Probefotos, testet die Lichtsituation und stellt mich dann zusammen mit meinem Rad dekorativ mitten ins hohe Gras. Unten liegt Passau im sanften Abendsonnenlicht. Die Fotos gelingen, schließlich startet er noch seine kleine Drohne, um auch von oben einige Bilder zu machen. Er wird die besten davon an die Redaktion der Ver.di Zeitschrift senden. Den Text zu diesen Bildern habe ich bereits in einem Telefoninterview mit Jenny Mansch, die in der Redaktion »Kultur, Leserbriefe, Leben und Online« bei Ver.di tätig ist, erarbeitet.

Morgen geht es endlich weiter. Jeder Tag, an dem ich nicht fahre, irritiert mich ein wenig. Es ist gut, unterwegs zu sein. Stehen bleiben ist nur notwendig, um Dinge zu erledigen. Pakete zur Post bringen, Wäsche waschen und trocknen. Mein Körper braucht die Pause nicht mehr. Er hat sich an die Herausforderung der täglichen 40 bis 60 Kilometer auf dem Rad gewöhnt. Ich bin jeden Augenblick dafür dankbar, dass ich mich bewegen und unterwegs sein darf.

26. Mai // Passau nach Schlögener Schlinge, Österreich // 627 km

Wie schön, wieder aus der Stadt hinauszufahren! Heute führt mich die Reise meist direkt an der Donau entlang. Es ist nicht zu warm, der Fahrtwind umschmeichelt mich, die Strecke ist eben, selten gibt es Steigungen. Den Gasthof erreiche ich früh am Nachmittag, darf glücklicherweise mein Gepäck dort bereits ins Zimmer stellen. So kann ich sofort weiter zur Schlögener Schlinge und zum Aussichtspunkt fahren. Unten am Berg stelle ich mein Rad ab und steige hoch. Der Pfad hinauf zu dem Platz, wo man dieses Naturphänomen bestens bewundern kann, ist holprig, rutschig vom Regen und steil. Endlich oben angekommen, bin ich berührt von diesem Anblick. Hier mäandert die Donau zwischen den dicht bewaldeten Höhen. Im weichen Untergrund hat sich der Fluss seinen Weg gebahnt und muss ihn nun im harten Gestein der Schlingen beibehalten. Die enge Kehre von 180 Grad galt früher als eine der gefährlichsten Stellen für die Schifffahrt. Diese Aussicht wird wohl das Titelbild des Buches werden, das ich gerade schreibe.

»Wenn Du den Blick zur Donau lenkst, dabei an etwas Gutes denkst, kurz still verharrst wie im Gebet, ein Wunsch Dir in Erfüllung geht.« Diesen Spruch finde ich oben am Aussichtspunkt auf einem Holzbrett aufgeschrieben.

Heute schlafe ich im Gasthaus an der blauen Donau in Sichtweite des Flusses. Breit und still strömt er hier weiter Richtung Osten.

Alles auf Anfang: Meine Tour startet am Quellbecken der Donau im Schlosspark in Donaueschingen.

Wiedersehen: In Tuttlingen begegne ich meiner Schulfreundin Doris. Wir haben uns 50 Jahre lang nicht mehr getroffen.

Heimatgefühle: Im Donautal zwischen Riedlingen und Ehingen,
meiner schwäbischen Heimat, fühle ich mich wie zu Hause.

Spirituelle Rast: Pause an einer Marienkapelle
in Oberbayern

Ruhige Einkehr:
Übernachtung im
Kloster Schweikels-
berg bei Vilshofen

Wegmarke: Bei Kilometer 2555 angekommen! Die Donau wird vom Nullkilometer am Schwarzen Meer flussaufwärts gemessen.

Schlaffass: Ich übernachte in Beuron unterhalb des Klosters. Morgens bringt der Campingplatzbesitzer das Frühstück.

Begegnungen: Mit dem Erzabt des Benediktinerklosters Beuron
finde ich zu einem sehr persönlichen Gespräch.

Eisheilige: Im Vöhringerhof übernachte ich im Mai
bei vier Grad auf der Wiese im Zelt.

Bade-Empfehlung: Aber zum Schwimmen in der Donau ist es einfach zu kühl.

Landschaftliches Highlight: der Donaudurchbruch bei der sogenannten Weltenburger Enge

Wehrhaftes Wahrzeichen: Der mittelalterliche Schaiblingstum an Innkai in Passau. Einst diente er u. a. zur Lagerung von Pulver.

Österreich

Fähr hin, Fähr her

Je speed un peu

Mikroskopischer Müll

Versammlung der Vergangenheit

Tiny House im Wald

27. Mai // Schlögener Schlinge nach Linz // 684 km

Genarrt von Google Maps habe ich heute gleich zweimal Fähren genutzt, um über die Donau zu setzen. Die App hat behauptet, dass der Donauradweg auf der anderen Seite sei, also setze ich über. Dabei reise ich mit zwei älteren Österreichern, die hier wohl Urlaub machen. Wir kommen ins Gespräch. »Schwerbeladen!«, sagt einer der beiden. Und der andere sagt: »Die Autobahnen sind voll, ein Stau am anderen, die wollen ans Meer.« »Da will ich auch hin!«, erkläre ich grinsend. »Wie?«, fragt verdutzt der Erste. »Sie fahren ans Schwarze Meer?« Ich freue mich, dass er mein Ziel gleich erkannt hat. »Ja. Genau da reise ich hin.« »Das ist großartig!«, lächelt der Erste begeistert. Ich darf von den beiden dann ein Foto auf der Fähre machen. »Für die Ehefrauen«, erklärt der Zweite. Dann legt die Fähre an, und wir verabschieden uns.

Zehn Kilometer weiter endet auf dieser Donauseite der Radweg, und ich muss wieder zurück mit einer anderen Fähre. Eine Weile warte ich am Ufer, bis sie schließlich anlegt. Ich sehe sofort, das ist eine ganz besondere Fähre. Aber was für eine? »Das ist eine Zille«, erklärt der Fährmann stolz auf meine Frage. Ich hatte bereits im Internet von diesen kleinen Schiffen aus Holzplanken gelesen. Zillen, das sind flache Boote, die seit langer Zeit schon im österreichischen und deutschen Donauraum anzutreffen sind. Sie gehören zur Gruppe der Kaffenkähne, die sich durch einen recht spitz zulaufenden Rumpf auszeichnen. Als wir anlegen, muss ich Anlauf holen und meine ganze Kraft einsetzen, damit ich mein schwer beladenes Rad den hohen Bootsrand hinaufbugsieren kann. Google Maps hatte mich früh schon auf eine Bundesstraße schicken wollen, ohne Radweg, aber mit einer Richtgeschwindigkeit für Fahrzeuge von 130 Stundenkilometern. Ich habe mich also entschieden, die vielen Schlingen der Donau abzufahren. Mit dem zweifachen Übersetzen wird die Reise zudem auch zeitlich länger als geplant. Kurz vor Linz, meinem Tagesziel, überquere ich eine Arbeitsbrücke bei einem Kraftwerk. Und kurz darauf soll ich wieder eine Fähre nutzen, um auf die andere Flussseite zu gelangen. Jetzt reicht es mir! Der Weg ist nicht gut ausgeschildert. Die Hinweise sind verwirrend. Ich dachte, dieser Abschnitt zwischen Passau und Wien sei der am meisten befahrene vom ganzen Donauradweg. Das hätte besser gemacht werden können. Am Ende befinde ich mich wieder auf einer Straße zwischen schnell fahrenden Autos. Diese allerdings werden alle paar Kilometer auf Schildern darauf hingewiesen, dass der Abstand zu Fahrradfahrenden zwei Meter beträgt. Also fahren hier offensichtlich noch mehr Verirrte. Statt Warnschilder aufzustellen hätten sie besser einen Radweg anlegen können. Später entdecke ich, dass es wohl doch jenseits des kleinen Baches einen Radweg gegeben hätte, den Römerradweg. Aber auch in Linz finde ich innerorts auf meiner Strecke keinen einzigen Radweg. Nicht für die Fernreisenden, aber auch nicht für die Leute, die hier wohnen. Nahe der Autobahn erreiche ich schließlich meine Unterkunft, ein einfaches Hotel für Arbeitende, die während der Woche auf Montage sind und günstig unterkommen wollen. Es gibt nachmittags und abends keine Rezeption, dafür eine Schlüsselbox mit Code. Das Zimmer ist frisch und sauber. Ich bin für heute angekommen.

Trotz der nur 50 Kilometer heute und einer weitgehend ebenen Strecke ist der Akku in Grein beinahe leer. Der Wind hat aufgefrischt. Das zehrt. Wieder ein Tag am Ufer des Stromes, fast immer reise ich auf dem Damm. Es ist warm, viele Fahrradfahrende sind heute wegen des Feiertages auf dem Weg. Die meisten allerdings fahren nicht weit, das sieht man an ihrem Gepäck und auch daran, dass sie auf dem Rad bummeln. Oft überhole ich andere Radfahrende. Auf den schmalen Radwegen wird es dann eng, wenn andere entgegenkommen.

Am renaturierten Donaunebenfluss Naarn entdecke ich einen »Weg der Achtung«. Zufällig mache ich Pause am achten und letzten Schritt. Auf einer Tafel am Weg stehen die Worte: »Ich ehre und achte dich und verneige mich vor dir.« Das ist aus meiner Sicht die einzige Geisteshaltung, mit der wir in der Welt Frieden finden. Die Inschrift auf der Tafel sagt weiter: »Ich verneige mich vor dir aus ganzem Herzen. Ich ehre und achte dich als Mensch. Ich ehre und achte dein Schicksal, das dich geformt hat. Du hast dein Leben gelebt, so gut es dir möglich war ...« und: «Danke, dass ich dich kennenlernen durfte ...« Diese Auszüge aus den Texten geben wieder, welche Geisteshaltung hinter dem Angebot steht, das Miteinander und sich selbst im Leben wahrzunehmen. Es ist Pfingsten. Das passt gut.

Oben auf dem Berg in Grein finde ich meine Pension. Ich bin der einzige Gast. Es ist sauber und still. Ich werde wohl gut schlafen. Was ich aber vor allem hier finde, sind Informationen über den Radweg in Oberösterreich und über die Strecke von Passau bis Bratislava. Aus Bratislava, der Hauptstadt der Slowakei, hat mir gestern Bertrand geschrieben: »Ich bin in Bratislava angekommen«. Und auf meine Bemerkung, dass er ja recht zackig unterwegs sei, antwortet er: »Je speed un peu car après Constanţa je vais aller à Istanbul«. (»Ich gebe ein bisschen Gas, weil ich nach Konstanza noch nach Istanbul fahren will.«) Aha, denke ich, auch er wird nach dem Donauradweg in die Türkei reisen, genau wie ich. Aber dazu später mehr.

Das Informationsmaterial über den Donauradweg in der Pension ist umfangreich und informativ. Bisher habe ich diese Karte und den Prospekt noch in keiner Unterkunft gefunden. Nach Grein kommen Touristen jeder Art. Es gibt eine Eisdiele und ein Café. Immer wieder startet ein Motorradfahrer mit seiner Maschine aufsehenerregend, nach dem er ein Eis gegessen hat. Die meisten Biker jedoch fahren ruhig und aufmerksam, da das Donauufer hier stark bevölkert ist von Radfahrenden, Fußgängern, Wanderern, Fährgästen und Menschen, die mit den Figuren am Weg in Grein gerne Selfies machen. Diese Figuren stehen am Radweg, oft mit einem Rad zusammen. Es sind Schaufensterpuppen, sie tragen Radfahrerkleidung oder sind bunt bemalt. Eine originelle Idee für die Touristen. Frau Schmidt bietet mir, nachdem ich um Erlaubnis gefragt habe, in dem übervollen, lauten Café einen Platz an ihrem Tisch an. Dass es tatsächlich »ihr« Tisch ist, erfahre ich später. Ich esse einen leckeren Salat und bekomme dazu für 60 Cent Wasser aus dem Wasserhahn. Jetzt, nachdem ich gegessen habe, möchte ich doch gerne mehr über die etwa 80-jährige Dame, mit der ich zusammensitze, wissen. »Kommen Sie aus Grein?«, frage ich sie. »Nein«, antwortet sie, ohne zu zögern. »Ich komme aus dem Nachbarort, nicht weit von hier.« Und sie setzt hinzu: »Ich komme jeden Sonntag hierher. Früher mit meinem Mann. Den Tisch habe ich immer für mich reserviert. Und nur«, ergänzt sie, »wenn ich etwas anderes vorhabe, rufe ich an und sage ab.« Sie schaut mich fragend an. »Sie fahren mit dem Radl?« »Ja«, antworte ich. »Ich komme mit dem Rad von der Quelle der Donau.« »Da bin ich mit Freundinnen auch schon mal mit dem Bus hingefahren«, lacht sie.

Und: »Sie sind sich dort wohl nicht ganz einig, ob Donaueschingen die richtige Quelle sei oder nicht.« Ja, diese Geschichte kenne ich, die Quelle, wird beim Ursprung der Breg, der mündungsfernsten Quelle definiert. Ich frage sie noch: »Stört Sie der Lärm der Besucher nicht? Die ganzen Motorradfahrer, die Touristen?« »Nein«, lacht sie. »Ich mag den Trubel und bin gerne in der Stadt. Ich höre das gar nicht.« Die Glückliche. Ich rette mich aus dem Lärm des Greiner Zentrums mit einem Eis in der Hand zum Donauufer und schließlich zurück auf den Berg in meine stille Pension.

29. Mai // Grein nach Melk // 775 km

Auf der linken Donauseite führt der Radweg durchgängig an der österreichischen Bundesstraße Nummer 3 entlang. Auch auf der rechten Seite gibt es einen Radweg. Da dieser aber länger ist und am Vormittag überwiegend im Schatten liegt, entschließe ich mich für den lärmigeren Weg in der Hoffnung, dass an einem Feiertag nicht allzu viele Fahrzeuge hier unterwegs sind. Ich behalte Recht. Ein paar Motorradfahrer, einige Ausflügler mit schnellen Autos, kaum Lieferwagen, dafür aber recht viele Radfahrende sind an der Donau unterwegs. Den Fluss sehe ich den ganzen Tag. Das gab es bis jetzt selten. Dafür bin ich losgefahren. Um den Fluss zu sehen. Entspannt kann ich einfach anhalten, mich ans Ufer der Donau setzen, die hier zum Strom wird, und innehalten. In den Wiesen am Wasser blüht und summt es. Margeriten, Witwenblumen, wilde Nelken, an schattigen Stellen wächst Beinwell, auch er blüht bereits. Das Wasser sieht sauberer aus als weiter oben an der jungen Donau. Sanft plätschern die Wellen an die Ufersteine. Das Donaubett ist hier befestigt. Kanalisiert und eingezwängt fließt das Wasser schnell durch die Auen, früher gab es hier oft Überflutungen. In Melk sehe ich an einem Haus Hochwassermarken bis zum ersten Stockwerk. Inzwischen erkennen einige Gemeinden, dass die Flussumgebung renaturiert werden muss. Die Wiederherstellung des naturnahen Raumes kostet viel Geld. Aber es führt dazu, dass der Fluss bei hohem Wasserstand über die Ufer in die Wiesen und bepflanzten Bereiche hineinfließen kann. Dort verlangsamt sich die Strömungsgeschwindigkeit, und Wasser versickert im offenen Erdreich. Eine Chance für die Sicherheit der Stadtbewohner. Eine Chance aber auch für Tiere und Pflanzen, deren Lebensraum dadurch wieder erschaffen wird.

Melk ist bekannt für sein Stift, das Kloster Melk. Es ist eines der größten und schönsten Barockensembles Europas. Die großartige Architektur ist inzwischen UNESCO-Welterbe. Ich bin für eine Führung durch die Räume ein wenig spät dran und besuche den Stiftspark. Hier unter den rund gestalteten und geometrisch gepflanzten Bäumen und Koniferen ist es kühl an diesem warmen Tag. Aus dem Stift dringt Geigenmusik zu mir herüber. Ich lausche der Musik und werde ruhig. Mir ist es lieber, ein großartiges Gebäude von außen zu betrachten als darin mit einer Gruppe herumzugehen. Ich genieße den schön gestalteten Garten und die Stille. Unten in den kleinen Gassen sind viele Restaurants geöffnet. Hier bekommt man alles, was das Herz begehrt. Typische österreichische Marillenstrudel oder Pizza. Auf einem Schild vor der Terrasse eines Café-Restaurants lese ich, dass es hier ökologisch angebauten Hochland-Kaffee aus Äthiopien gibt. Mein lieber Bruder Hans-Joachim fällt mir dabei ein. Er war Biologe und wollte die Welt verbessern. Dafür liebe ich ihn. Er ist nach einer kurzen schweren Krankheit verstorben, als ich mit dem alten Benz gerade durch Pakistan gefahren bin auf dem Weg nach Südostasien. Wir haben oft darüber gesprochen, was man tun könnte, um die uns umgebende Natur in ihrer wunderbaren Vielfalt zu erhalten. Achim forschte unter anderem zum Thema Bestäubung von wilden Pflanzen durch Insekten. »Ich werde im Botanischen Garten in Witzenhausen in Nordhessen eine Nacht verbringen«, sagte er einmal zu mir. »Dann kann ich herausfinden, wann die Blüten des wilden Kaffeestrauches blühen.« Und so machte er es. Er fand heraus, dass sie mitten in der Nacht blühen und dass folglich nachtaktive Insekten die Bestäuber sind. Diese Information brachte er nach Äthiopien zu den Bergbauern. Er hoffte, dass sie dann den natürlichen Urwald nicht abholzen, sondern das Wissen nutzen würden, um gewinnbringend wilden Kaffee anzupflanzen und zu verkaufen. Mein Bruder ist mir grade jetzt sehr nahe in diesem Café in Melk. Also bleibe ich und esse einen Salat mit Pommes.

30. Mai // Melk nach Sitzenberg // 834 km

Immer mal wieder ist der Radweg gesperrt, mal wegen Reparaturarbeiten am Weg, mal, weil eine Brücke ausgebessert werden muss. Umleitungen werden eher nicht ausgeschildert, und die Navigation weiß über alternative Wege auch nicht Bescheid. Ich habe mir inzwischen angewöhnt, bei der Suche nach dem für mich geeigneten Weg selbst mitzudenken. Mal nutze ich Google Maps, mal die Komoot-App, wobei ich dafür mein älteres Huawei verwenden muss. Das neue Huawei, das mir das Filmteam mitgegeben hat, wegen der optimaleren Fotos und Videos, die ich damit machen soll, blockiert Google. Oder die Amerikaner blockieren das chinesische Handy wegen Spionageverdachts. Die Amerikaner und die Chinesen streiten sich über die Weltmacht der Wirtschaft, und ich kann ein teures Handy nicht richtig nutzen. Auf meinem Handy habe ich auch die Navigationsapps Maps.me und Petal Maps installiert. Wenn es also Irritationen wegen des richtigen Weges gibt, habe ich neben den Broschüren über den Radweg von Österreich bis Budapest auch die anderen Möglichkeiten. Nicht immer fahre ich den Donauradweg. Manchmal muss ich der Länge der Tagesetappe wegen nach einer kürzeren Strecke suchen. Nach etwa 60 bis 70 Kilometern meldet nämlich der Fahrradakku den Leerstand an. Wenn ich auf dem Display nur noch einen Block sehe, wird es dringend Zeit, den Akku wieder aufzuladen. Damit er komplett voll ist, muss er aber mindestens sechs bis sieben Stunden am Strom hängen. Unterwegs zu laden ist also keine wirkliche Option. Heute bin ich durch die herrliche Wachau in Niederösterreich gefahren. Hier sieht es ein wenig so aus wie an der Mosel oder am Rhein. An den steilen Hängen werden auf Steinterrassen Weinreben und Obstbäume angebaut, auch im Tal gibt es Plantagen. Riesling, Grüner Veltliner und Neuburger heißen die Rebsorten in dieser Region. Beim Obst ist ganz besonders berühmt die Marille, in Bayern und Österreich wird die Aprikose so genannt, sie wird in vielen Süßspeisen und Kuchen verwendet. Diese köstliche Frucht wächst hier besonders gut. Die leckere Marillenmarmelade gibt es jetzt häufig beim Frühstück in den Unterkünften. Hoch oben auf den Felsen stehen verfallene Burgen. Von hier aus wurde in früheren Zeiten die Durchfahrt der Handelsschiffe kontrolliert. Die Wachau ist als eine der ältesten Kulturlandschaften Österreichs im Jahr 2000 in die Liste des UNESCO-Weltkultur- und -Naturerbes aufgenommen worden.

Eine Pause am Ufer der Donau bringt mir Professor Andreas Faht in Erinnerung, mit dem ich vor meiner Abreise Kontakt aufgenommen habe. Unter dem Holztisch liegt Plastikmüll, bunte Deckel von Trinkflaschen, kleine Plastiktüten, zerbrochenes Plastikgeschirr. Ich sammle den Müll ein und trage ihn zur Mülltonne, die keine zehn Meter weiter am Rastplatz steht. Wie einfach wäre es, wenn jeder seinen Müll selbst korrekt entsorgt. Diejenigen, die Pause machen in der Natur, aber auch die großen Firmen, die ihre Abwässer in die Flüsse leiten, die Bauern, die Plastikplanen und Säcke am Rande der Felder liegenlassen. Dieser Müll kann ins Wasser gelangen und so die Flüsse verunreinigen.

Ganz so blau, wie es in dem bekannten Lied heißt, ist die Donau heute nicht mehr. Vier Tonnen Plastikmüll sollen laut Umweltforscher Hubert Keckeis von der Universität Wien täglich mit der Donau ins Schwarze Meer geschwemmt werden. Ein Großteil davon sei Mikroplastik, erklärt er. Rund 317 Plastikpartikel, aber nur 275 Fischlarven seien je 1000 Kubikmeter Wasser in der Donau zu finden.

2022 schwamm der Chemieprofessor Andreas Fath den Fluss deshalb von Sigmaringen aus donauabwärts bis zur Mündung, um mit dieser Aktion vor der Gefahr durch Mikroplastik in Gewässern zu warnen.

»Anfang 2022 haben wir H2Org gegründet – eine gemeinnützige Organisation, die sich für Naturschutz, den Erhalt unserer natürlichen Gewässer und den Zugang zu sauberem Wasser einsetzt«, schreibt mir der Professor in einer E-Mail, als ich Kontakt zu ihm aufnehme.

»Unsere Mission ist es, die Vermüllung unserer Natur aufzuhalten und die Verbreitung von Mikroplastik in unseren Flüssen und Ozeanen zu beenden. Wir engagieren uns für den Schutz der Lebensräume vieler Meeres- und Süßwasserbewohner und den Zugang zu sauberen Gewässern«, ergänzt er. Ein mutiger Mann. Und er fügt noch hinzu: »In großen Cleanup-Aktionen sammeln wir Plastik entlang von Flüssen, um es anschließend zu entsorgen. Mit den Cleanups verhindern wir, dass immer mehr Plastik in die Flüsse gerät und von dort, zu Mikroplastik gemahlen, in unsere Meere gespült wird. Einmal zu kleinen Partikeln zerfallen, ist das Plastik für immer verloren und eine große Gefahr für uns Menschen und die Tiere.«

Professor Andreas Faht verweist auch auf seine Website: »Unsere Vision ist eine plastikfreie Natur, in der intakte und saubere Gewässer ihre natürliche und gesellschaftliche Funktion erfüllen können.«

Die Müllverbrennungsanlage ist das Erste, was ich von Wien sehe. Und es handelt sich wahrlich um keine normale Anlage, es ist ein typisches Hundertwasser-Gebäude. Die goldene Kappe oben und die tropfenförmigen Kugeln lassen mich eher an eine Ausstellungshalle oder eine Kunsthochschule denken. Dieser Bruch zwischen Design und Zweck ist typisch für diesen außergewöhnlichen Kunstschaffenden. Als das märchenhafte Gebilde erschaffen wurde, konnte aus der Verbrennung von Müll Strom erzeugt werden; immerhin besser als eine Müllhalde vor den Toren der Stadt. Friedensreich Hundertwasser ist 1928 in Wien geboren und im Jahr 2000 in Australien verstorben.

Obwohl ich mich bemühe, langsam zu fahren, bin ich heute trotz der 58 Kilometer am frühen Nachmittag bereits in der Bundeshauptstadt Österreichs angekommen. Im Großraum Wien leben drei Millionen Menschen. Und das ist auch der Grund, weshalb ich morgen bereits weiterfahren werde. Städte, das weiß ich seit den 17 Jahren, die ich in Berlin gelebt habe, sind nicht mehr das, was mich reizt. Mir ist die Stille am Fluss lieber, ich höre gern das Plätschern der Wellen, das Singen der Vögel. Bei Tulln, einer der ältesten Städte Österreichs, durch die ich heute gefahren bin, wurden weite Gärten am Ufer der Donau und ihrer Altarme angelegt, in denen ich mich sogar in eine Hängematte legen durfte. Die fantasievolle Anlage ist ein Ergebnis der Landesgartenschau aus dem Jahre 2008. Und jeder Mensch darf diese Gärten nutzen. Die Menschen, die dort leben, und die Reisenden, die hier vorbeikommen.

In Tuttlingen, der Stadt, in der ich geboren bin, wird der Gränzbote verlegt, eine Tageszeitung für die Region. Mit 13 Jahren schrieb ich bereits Leserbriefe, die dort abgedruckt wurden, über die Verschmutzung des Bodenseewassers. Immer mal wieder trampte ich mit Freundinnen dort hin, um am See und in den angrenzenden

Ländern zu sein. Zum damaligen Zeitpunkt war der Bodensee stark verschmutzt. Und heute habe ich ein Telefoninterview mit einer Redakteurin dieser Tageszeitung. Sie möchte über meine Reise von Donaueschingen über Tuttlingen bis ans Schwarze Meer berichten. So schließen sich die Kreise.

Am Morgen, im Frühstücksraum der Pension Baronesse in Josef-stadt, einem Stadtteil von Wien, bin ich eine von wenigen Gästen. Die gepolsterten Bänke in meiner Ecke sind leer. Wie ich da so sitze und frühstücke, kommt mir in den Sinn, alle Verstorbenen in meinem Leben einmal dahinzusetzen. Nicht, weil ich mich alleine fühlen würde und Gesellschaft bräuchte. Wenn ich unterwegs bin, jeden Augenblick neue Impressionen in mich aufnehme, stän-dig andere Herausforderungen meistere, dann öffnet sich mein Blick. Ich sehe nicht nur mein eigenes begrenztes Leben. Ich sehe zukünftiges und vergangenes Leben in ein und derselben Zeit. Die Bank reicht gerade so aus für die, die mir nahestanden und bereits gegangen sind. Meine Mutter, deren zweiter Ehemann, mein Vater, meine Lebenspartner, mein Bruder ... Dort auf der nächsten Bank wäre noch Platz. Dort sitzen die Altvorderen meiner Eltern. Der Vater meiner Mutter, der ihr all das Wissen über Heilpflanzen schenkte, das sie mir weitergab. Die Urgroßeltern, deren Vorfahren und immer so weiter. Der Raum reicht nicht aus für alle. Sie stehen vor der Pension. Auf der Straße, die ganze Straße hinunter reihe ich sie auf. Wie schön, ich bin nicht allein. Es gibt so unendlich viele Menschen, die vor mir waren, gelebt und geliebt haben, gestritten und gelitten. Sie alle wollen, dass es mich gibt. Und dass es mir gut geht. Wie gut zu wissen, dass ich nicht allein auf der Welt bin.

Überall tauchen aus den Fluten der Donau uralte Geschich-ten wieder auf. Diese Geschichte soll sich unweit von Wien ereig-net haben: Der Legende nach kam eine Nixe mit wilden Wasser-blumen im Haar und wallenden Kleidern aus der Donau, um die am Ufer lebenden Fischer vor einer Überschwemmung zu warnen. Die Fischer konnten sich vor der Überflutung retten. Ein junger Mann aber erlag ihrem Zauber und verschwand für immer im Fluss. Eine Skulptur des Donaumädchens steht am Sankt-Georg-Platz in Kahlenbergdorf.

1. Juni // Wien nach Hainburg // 942 km

Ecovillage, viel Grün, aber kaum Internet. Zufällig habe ich ein Zimmer hier gebucht. Hinter einem Fabrikgebäude, das aussieht, als würde es umgebaut oder renoviert werden, finde ich eine junge Frau.»Habe ich hier ein Zimmer gebucht?«, frage ich sie etwas verwirrt.»Ja, wenn du die Margot bist, dann bist du hier richtig«, antwortet sie lächelnd. Sie ist vielleicht Anfang 20, lange braune Haare, schmal, ein wenig scheu und sehr flink. Schnellen Schrittes eilt sie vor mir her, um mir zu zeigen, wo ich heute Nacht unterkomme. Grade mal so kann ich mit ihr Schritt halten.»Wir müssen hier lang, und hier den Weg durch den Wald hoch«, höre ich sie rufen. Ich bin etwas fassungslos. Dass ich im Wald untergebracht werde, habe ich nicht erwartet. Zwischen blühenden einjährigen Stauden, Akazien, Holunder und anderen Büschen taucht ein rechteckiges Häuschen auf. Holzverkleidet, mit Flachdach und einer Holzplattenterrasse vor der Eingangstüre, auf der zwei grüne Stühle und ein ebenso grüner runder Tisch stehen. Es ist eine Art Tiny House, das mich hier erwartet. Sie öffnet die Türe und zeigt mir das Zimmer. Es ist hell eingerichtet, alles mit Holz verkleidet, grünbraune Stoffe an Fenstern und Kissen.»Ich habe hier im Frühling große Mengen an Gründüngung ausgesät und bin glücklich, dass so viel davon aufgegangen ist und jetzt blüht«, erzählt die junge Frau stolz. Ich bewundere die Phacelia, Bitterlupinen, den gelb blühenden Senf, duftende Wicken, Klee. Andere wilde Pflanzen wie Brennnessel und Löwenzahn blühen mit der Gründüngung um die Wette. »Inzwischen konnten wir sieben Wildbienenarten hier entdecken,« fügt sie hinzu und verschwindet.

Ich richte mich ein, dusche und wasche die Wäsche, wie jeden Tag. Dann spaziere ich durch das Ecovillage. Die jungen Leute haben auf einem großen, mit vielen Bäumen bestandenen Grundstück fünf Unterkünfte aufgebaut. Auf der Website des Ecovillage kann ich lesen, dass dieser Ort ein Projekt des Working and Living Space Honua ist und der Familie Emminger gehört. Sie wollen sich durch Gedankenaustausch über innovative Ideen weiterentwickeln. Ihr Leitspruch ist: Passt aufeinander auf, helft anderen und habt Spaß. In der Mitte des Areals steht ein riesiges Baumhaus, das für alle Besucher offen ist. Hoch oben zwischen den Baumwipfeln der großen Walnussbäume findet man einen gemütlich eingerichteten offenen Raum zum Relaxen. Die jungen Menschen vom Ecovillage beschäftigt die Bodenversiegelung in den städtischen Gebieten, die durch den Wohnungs- und Straßenbau entsteht. Sie wollen alternative Wohnmöglichkeiten schaffen, die in einem natürlichen und gesunden Umfeld stehen. Ich schlafe also heute im Sunrise Cube, von dichtem Gebüsch umgeben und von einem wilden Kirschbaum, in dem Stare sich lautstark um die reifen Kirschen streiten. Es ist still hier, obwohl ein Bahngleis direkt angrenzt und die Autobahn nicht weit von hier entlangführt. Das dichte Grün dämmt den Lärm und gibt herrlichen Schatten an diesem warmen Frühsommertag.

Kurven-Reich: Der Ausblick auf die Schlögerne Schlinge ist atemberaubend. Hier macht die Donau einen riesigen Bogen.

Wegweiser: In Österreich ist der Donauradweg größtenteils gut ausgeschildert.

Barocke Pracht: Das Klosterstift in Melk, eine Abtei der Benediktiner in Niederösterreich aus dem Jahr 1746, gehört zum UNESCO-Welterbe.

Lieblings-Dessert: Marillenknödel mit Schlagobers in Wien

Entsorgung als Kunst: In Wien passiere ich die Müllverbrennungs-anlage, die Friedensreich Hundertwasser entworfen hat.

Altmodische Überfahrt: Mit der hölzernen Zille, einer urtümlichen Fähre, setze ich über die Donau.

Labyrinth: Viele Radwege kreuzen meinen Weg. Mitunter sind die Hinweisschilder eher verwirrend als hilfreich.

Einfach mal hängen lassen: In einem Erholungspark bei Tulln lege ich in der Hängematte eine wohltuende Pause ein.

Ungarn und Slowakei

Landein, landaus

Fischtreppen und Schotterpisten

Pilger auf Umwegen

Nacht unter Fröschen

»Weil ich es kann«

2. Juni // Hainburg nach Halaszi, Ungarn // 993 km
Anrainerland drei und vier erreicht. Deutschland, Österreich, Slowakei und jetzt Ungarn. Insgesamt gibt es zehn Länder, durch die die Donau fließt oder an deren Grenzen sie entlangfließt. Im Grenzgebiet Österreich-Slowakei-Ungarn verliere ich kurzfristig etwas den Überblick und merke manchmal gar nicht, in welchem Land ich eigentlich bin.

An der slowakischen Grenzstation steht ein österreichisches Auto und wird kontrolliert. Also stelle ich mich dahinter, in der Annahme, dass auch ich meinen Ausweis zeigen muss. Nach einer Weile kommen zwei Grenzbeamte aus einem Container, rufen mir etwas zu und winken. Das ist eindeutig. Ich soll verschwinden! Nichts lieber als das. Habe ich doch bei den letzten Reisen, insbesondere durch den Iran und die Türkei, an Grenzen eher schlechte Erfahrungen gemacht. Sofort trete ich in die Pedale, bevor sie es sich anders überlegen, und bin weg. Welch ein Unterschied. Andere Menschen, die andere Kleidung tragen und eine andere Sprache sprechen, die Häuser sind einfacher und höher, die Straßen und Wege schlechter. Aber die Menschen schauen interessiert, und ich komme trotz vieler Schlaglöcher und ungeräumter Holperpfade, auf denen vom letzten Sturm noch Äste liegen und gemähtes Heu, gut voran. Ich hatte mich entschieden, nicht in Bratislava, der Hautstadt der Slowakei, zu bleiben. Durch einen belebten Stadtteil im Randgebiet von Bratislava führt mich Komoot aber doch, dann durch einen schönen kühlen Park. Der breite, gut ausgebaute Weg endet plötzlich in einem Trampelpfad und führt einen steilen Hang hinauf. Oben geht es weiter auf einem Radweg. Allerdings muss ich dazu erst das gesamte Gepäck abladen, das schwere Rad über zwei Baumstämme hieven und dann alles wieder aufladen. Ein kurzes Stück führt mich mein Weg durch die Slowakei, dann plötzlich, ohne dass ich eine Grenze bemerke, bin ich in Ungarn.

Ich erreiche mein Tagesziel Halaszi in Ungarn schon am frühen Nachmittag. Der Ort liegt an einem Seitenarm der Donau, der südöstlich von Bratislava aus der Donau hinausfließt und stark mäandernd hinter Györ in die Donau zurück mündet.

Endlich finde ich Zeit und Muße, mein Fahrrad zu säubern, die Kette zu ölen und die Bremsbeläge zu inspizieren. Alles noch im grünen Bereich, befinde ich und lasse mich vom ungarischen Abendessen verwöhnen. Ungarisch essen heißt, viel von allem. Viel Fleisch, viel Kartoffeln. Auf dem Fleisch noch Speck und eine Schicht überbackener Käse. Da ich Hunger habe, passt das Angebot.

An diesem Abend komme ich ins Gespräch mit einem Paar, beide etwa so alt wie ich, das ebenfalls heute hier angekommen ist. Peter und Brigitte sind auch mit dem E-Bike unterwegs von Wien nach Budapest. Sie haben mich als die Frau, die reist, erkannt und wollen nun einiges von mir persönlich wissen. Brigitte ist mutig und kommt zu meinem Tisch. »Kann es sein, dass ich Sie aus dem Fernsehen kenne?«, fragt sie mich. So beginnen in letzter Zeit häufig Gespräche mit Menschen, die mich aus Talkshows, von den Filmen, den Büchern oder aus Facebook kennen. Heute Abend habe ich Zeit und unterhalte mich gerne mit ihnen. Wir erzählen uns, was wir bisher auf dem Weg erlebt haben. Sprechen über die Auswirkungen der Klimakrise und hoffen darauf, dass es in den nächsten Tagen bis Budapest nicht wieder anfängt zu regnen.

3. Juni // Halaszi über Denkpal nach Györ // 1046 km

In meine heutige Unterkunft bei Györ kann ich erst gegen 18 Uhr abends einchecken. So bleibt mir Zeit, die Denkpal-Fischtreppe nahe Halaszi zu besuchen. Die elf Kilometer, die mir die Navigation bis dorthin anzeigt, stellen sich als äußerst heftige elf Kilometer heraus. Die Denkpal-Fischtreppe, 1998 erbaut, ermöglicht es Fischen, sowohl flussaufwärts als auch flussabwärts die Stromschnellen dort zu überwinden. Der Weg dahin führt durch die weiten grünen Donauauen. Herrlich kühl ist es hier am frühen Vormittag. Und vollkommen still. Außer mir scheint kein Reisender sich hierher zu verirren. Dann ändert sich die Situation. Der asphaltierte Weg wird zur Schotterpiste. Kein feiner Schotter, auf dem ich mit dem Rad gut fahren könnte. Grobe runde Steine liegen hier lose verteilt. Mitunter kann ich in den Spuren vor mir gefahrener Fahrzeuge vorankommen. Oft aber schlittere ich mit dem schwer beladenen Rad nur so hin und her. Und diese Piste zieht sich endlos hin. Irgendwann erreiche ich die Donau und die berühmte Fischtreppe. Und obwohl auch ein Platz eingerichtet ist, wo man unter Wasser durch ein Schauglas blicken kann, sehe ich keinen Fisch auf- oder absteigen. Trotzdem sind die Wasserfälle, die durch die Staustufe und die natürlichen Stromschnellen entstehen, und die gesamte Anlage recht beeindruckend.

Außer mir sind einige wenige andere Besucher hier, die mit Jeeps, Motorrollern oder übers Wasser mit Kanus hergekommen sind. Niemand ist mit einem Fahrrad da. Ich mache mich etwas zögerlich auf die Weiterfahrt Richtung Györ, meinem Tagesziel, an der Donau entlang. Nach wie vor holpere ich unsicher über eine weitere Schotterpiste. Wenn ich anhalten möchte, um die Navigation zu prüfen, überfallen mich riesige Mückenschwärme, die in diesem Feuchtgebiet zu Hause sind. Hier eine Nacht zelten wäre mein Tod. Sie würden mich bei lebendigem Leibe auffressen, befürchte ich. Auch diese Schotterpiste hört und hört nicht auf. Und es kommt noch schlimmer. Als ich um eine Kurve fahre, sehe ich vor mir eine Senke, durch die Wasser strömt. Vielleicht zehn Meter breit und sicher 30 bis 40 Zentimeter hoch rauscht das Wasser über den Weg. Auf der anderen Seite der Furt steht ein Paar mit Fahrrädern, das angesichts des überfluteten Weges die Weiterfahrt in Frage zu stellen scheint. Ich fahre auf keinen Fall diese Piste wieder zurück und treffe eine Entscheidung. Ich trete an die Furt, prüfe noch einmal die Wassertiefe und Bodenbeschaffenheit, ziehe Schuhe und Strümpfe aus und befestige sie auf dem Rad. Ich weiß, dass die Strömung recht stark ist. Ich fühle sofort, dass die Steine auf dem überschwemmten Weg rutschig sind. Also konzentriere ich mich darauf, das Rad sicher zu halten, damit es mir in der Strömung nicht entgleitet, und suche mit den nackten Füßen in den Ritzen zwischen den Steinen Halt. Ich wanke und rutsche zuerst, aber dann werde ich sicherer und taste mich vorsichtig und achtsam Schritt für Schritt durch das rauschende Wasser. Ich spüre, dass das Paar mich beobachtet, ohne dass ich sie ansehen müsste, weil ich meine ganze Aufmerksamkeit auf die Überquerung richten muss. Würden das Rad oder ich wegrutschen, kämen sie mir vielleicht zu Hilfe. Aber ich schaffe die Überquerung und erhalte von den beiden ehrlichen Beifall. Ich trockne meine Füße, ziehe Strümpfe und Schuhe wieder an und setze meinen Weg fort. Das Paar hat inzwischen aufgegeben und ist die Piste, die sie gekommen sind, zurückgefahren. Ein Stück noch geht es weiter auf der Schotterpiste, dann erreiche ich den Radweg und fahre friedlich und ein wenig stolz weiter nach Györ. Ich habe wieder einmal erlebt, dass es wichtig ist, eine klare Entscheidung zu treffen und nicht zu zögern, wenn ich sie für richtig halte.

Ich bin wieder in der Slowakei. Versehentlich hatte ich, ohne es zu bemerken, eine Pension gebucht, die auf der anderen Donauseite liegt. Hier führt die Grenze in der Mitte des Flusses entlang. Auf der einen Seite ist Ungarn, auf der anderen die Slowakei. Ich passiere auf der Brücke keine Zollstellen, keine Grenzposten. Kann einfach so die Ländergrenzen überqueren. So würde sich eine ideale Welt nach meiner Vorstellung anfühlen: keine Grenzen, keine Kontrollen, keine Einschränkungen. Obwohl ich im Supermarkt mit der Visakarte bezahle, wird der Preis für meinen Einkauf auf dem Kassenzettel in Euro ausgewiesen.

Um 13 Uhr kann ich in die Pension einchecken, steht in der Buchungsbestätigung. Eine halbe Stunde bin ich früher da, setze mich in einen angrenzenden Park und versuche, mein Handy dazu zu überreden, statt des ungarischen Internets das slowakische zu nutzen. Da erreicht mich plötzlich ein Anruf. »Ja«, melde ich mich. »Da sind Sie! Kommen Sie mit, Sie können jetzt das Zimmer beziehen«, spricht mich ein etwa 40 Jahre alter Mann an. Er wollte wissen, ob ich der erwartete Gast bin, und hat mich deswegen kurz angerufen. Der slowakische Pensionswirt spricht perfekt Englisch. Er hilft mir dabei, das Rad in den Flur zu stellen. Zeigt mir das Zimmer, gibt mir seine Visitenkarte für den Notfall und entschwindet. Da ich mich gerne lange ausruhe, bin ich über den frühen Check-in äußerst glücklich. Wäsche waschen, duschen und die Akkus für all meine Geräte aufladen. Nach der Pause fahre ich mit dem Fahrrad in den nahen Supermarkt. Heute ist zwar Sonntag, aber einige große Supermärkte haben geöffnet. Es gibt frische Erdbeeren. Ich sehe beim Fahren unterwegs immer wieder Erdbeerfelder, in denen selbst gepflückt werden darf. Aber wie soll ich die Früchte transportieren auf dem Rad? Also versage ich mir den Wunsch, welche zu ernten. Es gibt also im Discounter ganz frisch geerntete Erdbeeren, die ich jetzt kaufe, weil der Weg zur Unterkunft nicht weit ist. An der Kasse schaut mich die Kassiererin mit traurigen Augen an. »Sie wissen schon, dass diese Erdbeeren sehr teuer sind. Das Kilogramm kostet zehn Euro.« Zuerst spricht sie auf Slowakisch mit mir, bis sie merkt, dass ich sie nicht verstehe. Dann wiederholt sie ihre Warnung auf Deutsch. Sie hat mit dem Einscannen aufgehört, um mir die Entscheidungsmöglichkeit zu geben, die Ware zurückzustellen. »Doch«, sage ich leicht verwirrt, denn mit solch einer Fürsorge für mein Budget habe ich nicht gerechnet, »ich würde die Erdbeeren gerne kaufen.«

Ich mag die Leute hier.

Die letzten 15 Kilometer vor meinem heutigen Tagesziel hat Ungarn einen Radfernweg hingezaubert vom Feinsten. Mindestens drei Meter breit mit glattem, ebenem Asphalt, ohne jede Spalte, keine Schlaglöcher, keine aufgebrochenen Rillen, die durch Baumwurzeln entstehen. Der Weg muss sehr neu sein. Es ist ein Traum, auf solch einem Radweg zu radeln. Die Gedanken können frei fließen. Bald fahre ich einfach so vor mich hin und träume. Was für ein Glück, dass ich reisen kann. Dass ich gesund genug bin für so eine lange, anstrengende Tour. Dass ich genügend Geld habe, um die Unterkünfte und das Essen zu bezahlen. Nach wie vor übernachte ich in Hotels, Pensionen und Privatzimmern, da es nachts immer noch kalt ist, immer wieder sieht es nach Regen aus. Als ich einen Moment Pause mache, um die Navigation zu überprüfen, ruft ein vorbeifahrender Fahrradfahrer mir zu, ob ich Hilfe benötige. »Nein, danke. Alles gut«, rufe ich ihm nach. Ich fühle mich beinahe wie zu Hause hier. Umsorgt, behütet, beachtet.

Ein Song von Hollow Coves fällt mir ein, es trägt den Titel »Blessings«, Segen: »Sunlight fell and reminded me that life can be so gracious sometimes. And I felt like everything around me was connected somehow ... open up your eyes ... There are Blessings all around you ...« (Sonnenlicht scheint und erinnert mich daran, dass das Leben so liebenswürdig sein kann, manchmal. Und mir ist, als wäre alles um mich irgendwie verbunden ... öffne deine Augen ... Da sind Segnungen, überall um dich herum.)

Fahrradfahren ist Meditation in Bewegung.

5. Mai // Komarno nach Esztergom // 1146 km

Ein älteres Pärchen aus Bayern hat sich im Unterholz verirrt. Vermutlich Münchner Dialekt, beide ein bisschen grau schon, aber erstaunlicherweise mit Fahrrädern ohne Motor unterwegs. Alle Achtung! Auch ein paar andere Radler, die ebenfalls hier unterwegs sind, haben offensichtlich aufgegeben. Sie liegen nun an der Donau und sonnen sich. Einer von ihnen ist der, den ich bereits vorhin auf dem Dammweg gesehen habe.

Alle, die hier am Ufer rasten, sind irgendwie fertig. Seit Stunden irren wir in der Pampa auf der linken Donauseite in der Slowakei umher. Der Radweg, der von Komarno kommend zumeist auf dem Damm oberhalb der Donau entlangführen sollte bis zu einer Fähre, hört hier plötzlich auf. Es gibt Anlegestellen an beiden Uferseiten, aber keine Fähre, die uns auf die ungarische Seite hinüberbringen könnte. Und der Radweg endet kurz danach im Gehölz. Ein Stück versuche ich noch, auf dem Weg weiterzufahren. Als ich aber eine steile Anhöhe hinaufschieben muss, um über einen kleinen Bach zu kommen, kommt mir bereits das ältere Pärchen entgegen und ruft von Weitem:»Hier geht's nicht mehr weiter. Du musst umkehren.« »Ja super! Aber wohin?«, rufe ich ihnen hinterher, doch sie sind schon weitergefahren und hören mich nicht mehr. Ich schaue auf meine Navigation und sehe, dass in etwa 15 Kilometern eine Brücke über die Donau führt. Also fahre ich weiter. Auf einer stark befahrenen Landstraße. Die Autos halten meist Abstand. Es sei denn, ein anderes Fahrzeug kommt ihnen entgegen. Dann fahren sie dicht an mir vorbei. Ich sehe sie in meinem kleinen Rückspiegel kommen. Dicke Lastwagen brummen an mir vorbei. Traktoren. Schnelle Autos. Die Zeit wird lang und schwer auf der Straße. Das Navi sagt: »Der Radweg befindet sich zwei Kilometer links von dir. Der Radweg befindet sich drei Kilometer links von dir. Der Radweg befindet sich vier Kilometer links von dir.« Der Radweg befindet sich auf der anderen Donauseite, das weiß ich. Und ich entferne mich immer weiter weg vom Ufer. In einem riesigen Bogen erreiche ich ein kleines Dorf. An der Bushaltestelle mache ich entnervt Pause. Ich überprüfe noch einmal, ob die Brücke über die Donau auch wirklich noch vor mir liegt. Da kommt ein Radfahrer angeradelt und hält an. Es ist ein etwa 50 Jahre alter Mann mit sehr kurzen grauen Haaren, den ich bereits vorhin am Damm gesehen habe. »Hi«, sage ich etwas matt. »Wo willst du hin?« Er scheint es nicht mehr so genau zu wissen nach all den Irrungen und Wirrungen des Weges heute. Daher frage ich ihn: »Wo kommst du her?« Das weiß er noch. »Ich komme aus München. Ich bin am 15. Mai dort losgefahren.« Und er ergänzt: »Ich möchte nach Budapest.« »Wenn du nach Budapest willst, musst du über die Brücke, die vor uns liegt«, erkläre ich ihm. Wir sprechen über die Schwierigkeiten des Wegs heute. »Eigentlich wollte ich zu Fuß nach Bethlehem pilgern,« erzählt der der Mann weiter. »Aber bereits nach wenigen Tagen hatte ich solche Blasen an den Füßen, dass ich nicht mehr gehen konnte.« Er seufzt. Jetzt sehe ich die Muschel an seinen Packtaschen. »Du fährst mit einem ganz normalen Rad bis Bethlehem«, wiederhole ich erstaunt. Es ist ein Rad ohne Elektroantrieb mit 24-Gang-Schaltung, nicht mal ein sportliches Mountainbike. »Ja, als ich nicht mehr laufen konnte, hat mein Bruder mir diesen Vorschlag gemacht. Da habe ich einfach mein altes Rad genommen und bin damit losgefahren.« »In zwei Jahren möchte ich auch in diese Richtung fahren«, erzähle ich ihm. Wir plaudern noch ein wenig über die Strecke, die er nehmen möchte. »Du könntest zum Beispiel vom Süden der Türkei durch den Irak weiterreisen«, schlage ich ihm vor. Er antwortet: »Ein Freund meint, ich könnte auch mit einer Fähre über das Meer fahren und vom Süden aus nach Israel einreisen.« Ganz geklärt scheint die Frage der Reiseroute für ihn noch nicht zu sein. Dann verabschieden wir uns voneinander. »Wie heißt du eigentlich«, frage ich ihn noch. »Ich heiße Andreas,« sagt er und lächelt dabei. »Vielleicht sehen wir uns wieder auf dem Weg.«

Während wir miteinander sprechen, ist das ältere Pärchen an uns vorbeigeradelt. Auch sie suchen die Brücke, um von der Slowakei nach Ungarn zu gelangen. Auch sie wollen nach Budapest.

Auf meinem Weg sehe ich von Weitem eine Fahne mit dem Emblem des UNESCO-Kulturerbes wehen. Auf hellem, azurblauem Grund lese ich die UNESCO-Schriftzeichen, die Flagge zeigt die Anfangsbuchstaben des Namens der Organisation als Säulen eines stilisierten Tempels. Steinmauern unweit des Weges an der Donau erzählen von einer uralten Geschichte. Es ist die Geschichte des römischen Legionärs Marcus Vinius Longinus. Er war mit vielen anderen Legionären in der römischen Kaiserzeit hier im Kastell stationiert. Die Grenze des römischen Imperiums verlief entlang der Donau. Immer wieder wurden die Lager, anfänglich erbaut aus Holz und Erde, von angreifenden Germanen zerstört. Über 450 Jahre bildete die Donau die Nordgrenze des Reiches. Wie eine Perlenkette reihten sich Siedlungen und Kastelle entlang des Limes. Als der Druck durch angreifende Krieger von außen zunahm und innere Konflikte das Reich schwächten, kam es schließlich zum Rückzug der Römer aus diesen Gebieten. »Wer die Vergangenheit nicht kennt, kann die Gegenwart nicht verstehen und die Zukunft nicht gestalten.« Dieses Zitat von Helmut Kohl (Bundeskanzler von 1982 bis 1998) steht auf einer der Tafeln, die über das Lager informieren. Eine Weile verharre ich an dieser historischen Stätte. Ich höre die Kämpfe, in denen die Mauern im Angriff zerbersten. Ich höre die Schreie der Verwundeten auf beiden Seiten. Drüben rauscht die Donau am Gemetzel vorbei. Krieg und Kampf scheint die Menschheit zu begleiten, seit sie sich auf den Weg gemacht hat, die Erde zu bevölkern.

Die Grenze von Österreich nach Ungarn bemerke ich kaum. Ich bin noch in Europa. Die Grenzkontrollen sind hier abgeschafft. Nur die Schrift auf den Werbeplakaten und Straßenschildern ändert sich.

Vom langen Tag auf der Straße, zwar nur 55 Kilometer, aber über sechs Stunden langes Umherirren, bin ich rechtschaffen müde und ruhe mich in der Unterkunft erstmal aus. Ich möchte warten, bis die Dämmerung hereinbricht. Dann nämlich besuche ich das Dark Gate, das abends festlich beleuchtet ist in Esztergom, meinem heutigen Tagesziel. Das Dark Gate ist ein 90 Meter langer Tunnel unterhalb des Burgberges. Im neoklassizistischen Stil entlang der alten Burgmauern gebaut, führt der Tunnel zur Stadtmitte von Esztergom. In dieser Stadt soll es einige Sehenswürdigkeiten geben. Aber ich habe mich entschlossen, nur dieses Gate zu besichtigen und mich dann lange auszuruhen.

6. Juni // Esztergom nach Budakalasz // 1201 km

Wäre ich jetzt ein Frosch, wäre alles in Ordnung. Seit Stunden regnet es. Ich sitze in einem großen, weißen Zelt, das ich für die Nacht als Unterkunft gemietet habe. Drinnen ist Platz für zwei Betten und zwei kleine runde Tischchen. Es gibt keine Haken für die feuchten Kleidungsstücke, kein Regal und keinen Stuhl. Draußen quaken Frösche am nahen See. Für die ist das genau das richtige Wetter. Für mich ist es das seit heute Nachmittag nicht mehr. Ich bin bei Szentyörgypuszta, irgendwo im Nirgendwo, als es anfängt zu regnen. Gerade noch kann ich meine komplette knallgelbe Regenkleidung überstreifen, dann beginnt es in Strömen zu regnen. Glücklicherweise kann ich mich in eine Bushaltestelle retten. Über zwei Stunden verharre ich dort, starre auf den vorbeibrausenden Verkehr. Direkt an der Bushaltestelle mündet eine kleine Straße auf die Bundesstraße Nummer elf, auf der ich den größten Teil des Weges fahren musste. Auf der kleinen Straße rauscht ein immer breiter werdender Bach in die Hauptstraße. Die Autos spritzen die Wassermassen in hohen Fontänen bis zu mir ins Wartehäuschen. Lustig. Aber weiterfahren kann ich so auf keinen Fall. Bis zu meiner nächsten gebuchten Unterkunft sind es noch mindestens 17 Kilometer. Jetzt heißt es durchhalten. Nichts tun. Zulassen, dass die Lage so ist, wie sie ist. Ertragen, dass es regnet. Ertragen, dass ich nicht weiß, wann und wie ich weiterkomme. Das ist wahrlich keine leichte Übung für mich. Hier hilft mir der Resilienz-Kurs, den ich in Eschwege belegt habe.

Durchatmen, die Situation klären, prüfen, welche Lösungsmöglichkeiten es geben könnte. Ich sitze auf der Bank im Wartehäuschen. Nehme eine möglichst entspannte Haltung ein. Das ist diese Kutscherhaltung, bei der man aufrecht sitzt, sich dann entspannt und dadurch so ein bisschen absackt. Als ich alles durchdacht habe, fällt mir keine bessere Lösung ein als zu warten, bis der Regen weniger wird. Diese Einsicht macht die Situation leichter. Ich sitze also und warte. Auch bei meinen Reisen durchs Pamir-Gebirge, nach Zentral- und Südostasien und in den Himalaya konnte ich aus den Übungen der Resilienz Kraft schöpfen. Nichts tun ist nicht leicht für mich. Auch zu Hause habe ich immer etwas zu tun. Im Büro, im Garten, im Haushalt, bei meinen vielfältigen ehrenamtlichen Tätigkeiten. Langeweile kenne ich nicht. Ich fühle mich wohl, wenn ich tätig sein kann. Umso schwieriger ist es für mich, im Wartehäuschen zu sitzen und zu warten.

Irgendwann werden die Fontänen, die durch vorbeifahrende Autos hochspritzen, kleiner. Irgendwann regnet es ein bisschen weniger. Ich beschließe weiterzufahren. Die Packtaschen sind nass, meine Kleidung ist nass. Alles ist feucht, und zu allem Übel ich werde heute in einem Zelt am See übernachten. Diese Unterkunft habe ich am Vortag gebucht. Da war es noch trocken. Und warm. Jetzt, hier im Zelt des bei diesem Wetter völlig leeren und verlassenen Vergnügungsparks am See in Budakalasz, ist es feucht und kühl, keine 17 Grad mehr, die Waschräume befinden sich 200 Meter weit weg, und es regnet. Aber die Frösche draußen singen ihr Hochzeitslied. Ich bin in Ungarn. Ich bin auf meinem Weg.

7. Juni // Budakalasz nach Budapest // 1224 km

Die Nacht mit den Fröschen war gut. Allerdings habe ich eher geruht als geschlafen. Verursacht durch einen kleinen Piepston, vermutlich von einem Weibchen, auf das dann die in der Nähe sitzenden männlichen Frösche ihr Gequake beginnen. Das hört sich recht unterschiedlich an, mit irgendetwas müssen sie ja imponieren. Wir Menschen hören meist nur die männlichen Frösche, weil deren Quaken lauter ist als das der Weibchen. Weil die Nacht hier im Vergnügungspark aber so still ist, höre ich auch das leise Piepen der Weibchen. Mit dem Quaken zeigen die männlichen Frösche ihre Paarungswilligkeit an. So nahe war ich diesen Tieren noch nie. Im Park am See ist niemand. Nur ich im Zelt Nummer eins und die Frösche. In dieser Anlage gibt es Restaurants, Cafés, Wasserrutschen, Liegestühle und Sonnenbetten, die man mit Vorhängen schließen kann, sodass man nicht mehr zu sehen ist. Für die Badenden gibt es Duschen, Umkleidekabinen, Toiletten. Sonnenschirme sind aufgestellt. Was fehlt, sind die Menschen. Der Park ist verwaist.

Erst am nächsten Morgen wird es belebter. Als ich nachschaue, was los ist, sehe ich ein Filmteam mit großen Kameras, Reflexionsscheiben und Mikrofonen. Für einen Augenblick denke ich, mein Filmteam sei bereits heute gekommen. Aber diese Leute filmen einen Stand mit frischem Obst und Getränken und einige junge Frauen, die davon nippen. Ich vermute, sie drehen einen Werbefilm für den Park. Ich packe meine vom gestrigen Regenwetter noch feuchte Kleidung ein, ziehe die nassen Schuhe wieder an und fahre los Richtung Budapest. Dorthin will mein Filmteam übermorgen kommen und ein paar Tage mit mir bis Bukarest und weiter durch die Walachei reisen. Heute führt mich der Radweg überwiegend am Donauufer entlang. Nicht immer aber ist dieser Radweg in einem guten Zustand. Immer wieder brechen Baumwurzeln den Asphalt auf. Schlaglöcher, vom Regen heruntergewaschene Äste und Blätter liegen auf dem Weg. Es dauert nicht lange, da erreiche ich die Hauptstadt Ungarns, in der 1,7 Millionen Menschen leben, über eine lange Brücke. Die beiden Stadthälften Buda und Pest trennt die Donau. Am Ufer der durch die Margareteninsel geteilten Donau ist es unter den Bäumen in der Parkanlage recht angenehm zu fahren. Dann aber führt mich der Weg ins belebte Zentrum des Stadtteils Pest auf der östlichen Donauseite.

Immer wieder muss ich wegen Baustellen die Straßenseite wechseln, dann wieder blockieren geparkte Autos den Radweg. Hier sehe ich viele Geschäfte, Straßenbahnen durchqueren die Stadt, alle hundert Meter sitzt oder liegt ein Mensch auf dem Boden, bettelt, trinkt oder starrt teilnahmslos durch die Vorbeieilenden hindurch, von kaum jemandem beachtet. Vielleicht waren diese Menschen vor nicht allzu langer Zeit noch berufstätig, lebten mit ihren Familien in gut eingerichteten Wohnungen. Vielleicht haben sie ihre Arbeit verloren, dann die Familie und schließlich ihr Zuhause. Manche von ihnen sind vielleicht in die Armut hineingeboren. Laut Statistik der Budapester Zeitung ist ein Viertel der Bevölkerung in Ungarn von Armut oder sozialer Ausgrenzung bedroht. Laut offiziellen Zahlen sollen von den insgesamt zehn Millionen Einwohnern Ungarns etwa 30 000 Menschen obdachlos sein, allein in Budapest 10 000. Verloren sitzen sie inmitten der umtriebigen Menschenmassen. Still. Auf einer Stufe. Auf dem Gehsteig. In Unterführungen. Es gibt eine ehrenamtliche Nichtregierungsorganisation »Food Not Bombs Budapest«, die Lebensmittel einsammelt und an die Bedürftigen weitergibt. Aber diese Hilfe reicht bei Weitem nicht aus für die in Not geratenen Menschen.

Ich kenne das Problem aus deutschen Großstädten. Auch in Deutschland ist Obdachlosigkeit ein großes Problem. Ich weiß aus meiner sozialen beruflichen Tätigkeit im Eschweger Rathaus von den Folgen der Armut. Auch bei uns können manche Familien oder ältere Menschen ihren Lebensunterhalt nur mithilfe der Tafeln bestreiten. Würden sie hier nicht regelmäßig Lebensmittel bekommen, würde das Geld nicht ausreichen. Gesellschaften, die sich Kriege leisten, sollten meiner Meinung nach ihre Mitmenschen wenigstens ernähren können und ihnen bezahlbaren Wohnraum zur Verfügung stellen.

8. Juni // Budapest // 1229 km

»Jo napot« heißt Guten Tag auf Ungarisch und Danke heißt »Köszönöm«. Auf Wiedersehen »Viszontlatasra«. Das immerhin kann ich schon anwenden. Die ungarische Sprache hört sich für deutsche Ohren seltsam an, sie gehört zum finnougrischen Zweig, der im ersten Jahrtausend vor Christus zwischen der Wolga und dem Ural entstand. Sie ist mit den Sprachen ihrer Nachbarländer, in denen slawische Sprachen gesprochen werden, nicht verwandt. Für unsere Ohren klingt die Sprache recht befremdlich und unerwartet andersartig. Regen heißt in Ungarn »Esk az esö«, das ist wörtlich übersetzt: »Es fällt das Fallende«. Das heutige Ungarn heißt in der Landessprache »Magyarország«.

Ungarn ist eine parlamentarische Republik. Viktor Orbán war bis 2022 in seiner dritten Amtszeit mit seiner rechtskonservativen Partei Ministerpräsident. Obwohl das Land zur EU gehört und sich zur europäischen Wertegemeinschaft bekennen sollte, ist es um die Wahrung der Menschenrechte hier laut Amnesty International nicht gut bestellt. Die Rechte von sexuellen Minderheiten werden eingeschränkt, Homo- und Transsexualität sollen per Gesetz aus der Öffentlichkeit verschwinden. Überfremdungsängste durch Migration werden geschürt. Das widerspricht alles meinen Grundauffassungen. Auf meinen Reisen habe ich gelernt, dass wir Menschen gleich sind. Egal welche Hautfarbe wir haben, welche Sprache wir sprechen, ob wir arm sind oder reich, und auch egal welche sexuellen Vorlieben wir haben, wir sind Menschen. Und jeder Mensch hat das Recht, in seiner Würde unangetastet zu bleiben.

9. Juni // Budapest // 1234 km

Heute kommt mein Filmteam an, Johannes Meier und Paul Hartmann. Sie reisen auch mit einem Elektrofahrzeug an wie ich, allerdings weitaus komfortabler – mit einem Tesla, dessen Batterie alle 200 Kilometer geladen werden muss. Irgendwo hinter Passau haben sie sich gestern Abend ein Quartier genommen, schreiben sie mir per WhatsApp. Heute wollen sie in Budapest ankommen. Die nächsten Tage bis Belgrad in Serbien werden sie mich auf ihren E-Bikes begleiten, die sie im Auto mitbringen, um nach der Reise aus den Aufnahmen, die sie machen, und denen, die ich selbst unterwegs erstelle, wieder einen Dokumentarfilm zu gestalten. Wir kennen uns inzwischen recht gut. Sie lassen mich reisen und filmen dabei.

Die Zeit bis zu ihrer Ankunft nutze ich, um ein Vorwort zu erstellen. Eine Gruppe von fünf reiselustigen Abenteurerinnen hat die

Dokumentationen über meine Reisen in den Medien entdeckt. Für ihr gemeinsames Buch über ihre Reisen schreibe ich nun das Vorwort. Mari Hummingbird, Jennifer Summer, Selina Ritter, Lilli Mixich und Heidi Metzmeier sind Autorinnen im Reisegenre, Reisejournalistinnen, digitale Nomadinnen und Social-Media-Inspiratorinnen. Frauen aus vier Generationen, die die Leidenschaft zum Reisen teilen. Ihre Anfrage ehrt mich. Heidi Metzmeier schreibt in ihrer E-Mail:»Sie sind eine Schwester im Geiste. Wir haben Ihre Dokumentationen mit Spannung verfolgt und Ihre Bücher verschlungen.« Sie schreibt weiter:»Ihre Selbstironie ist ansteckend, Ihre Weltsichten teilen wir, ebenso wie Ihre Liebe zu den Menschen, unabhängig von ihren Kulturen.« In dem geplanten Buch geht es quer durch Afrika, auf verschlungenen Pfaden durch Asien und auf dem Motorrad über die Alpen.

Gerne schreibe ich den Frauen meine Gedanken dazu auf, sie passen auch gut zu meiner eigenen Reise mit dem E-Bike entlang der Donau:

»Warum machst du das?«, fragen mich immer wieder nicht nur Männer, sondern auch Frauen.»Wie kannst du solche Reisen in diese Länder wagen. Und dann auch noch allein als Frau?«

Meine Antwort darauf:»Weil ich es kann.« Schon als junges Mädchen war ich unterwegs, mit dem Dreigangrad durch die Schweiz, als Studentin trampte ich von Freiburg nach Sizilien und zurück, lebte ein Jahr lang in Nordafrika. Bei meinen Reisen mit der Transsibirischen Eisenbahn bis in die Mongolei, mit öffentlichen Verkehrsmitteln durch Südchina, zu Fuß Tausende Kilometer auf alten Pilgerwegen und über die Alpen, mit der 125er Honda über den Pamir Highway, mit einem alten Benz von Nordhessen bis Laos, mit dem russischen Geländewagen zum Nordkap und bis in den Himalaya, mit dem E-Bike von der Quelle bis zur Mündung an der Donau entlang bis zum Schwarzen Meer habe ich eines erlebt: Die Welt ist wunderschön. *Frauen wollen das sehen.* Eine meiner Vorbilder ist Ida Pfeiffer, eine österreichische Abenteurerin, Entdeckerin und Schriftstellerin. 1842 brach sie auf, um die Welt zu erkunden. Was wir Frauen bei unseren Reisen immer wieder erfahren, ist die große Hilfsbereitschaft und Gastfreundschaft der Menschen auf dem Weg. Und wir erkennen: »Wir können nicht erst den ersten Schritt gehen, wenn wir stark genug dafür sind. Wir werden nur stärker, wenn wir den nächsten Schritt gehen.« (Zitat Michael Leister) Dieses Buch vereint fünf moderne Reisende. Sie wollen aufbrechen und ankommen. Dafür stellen sie sich auch immer wieder dem Abenteuer. »Wir vertrauen darauf, dass es gut ausgehen wird«, sagt Heidi Metzmeier. Selina Ritter fragt in einem ihrer Bücher: »Was wäre, wenn du ein vollkommen anderes Leben beginnen könntest?« Lilli Mixich zitiert auf ihrer Webseite: »Reisen ist Leben, wie das Leben eine Reise ist.« Mari Hummingbird schreibt über die Freiheit, das Reisen und die Suche nach dem eigenen Weg. In Jennifer Summers Romanen reisen Frauen zu einem stärkeren Selbst.

Keine Reise lässt uns so zurückkehren, wie wir aufgebrochen sind. Jede Reise macht Lust auf mehr, weckt neue Ziele und Träume. Reisen bewegt.

Ja, auch wir Frauen brechen auf, suchen unseren Weg, finden und suchen weiter. Was wir dabei entdecken: Die Welt ist schön und die Menschen sind gut.«

Mal sehen, wie ihnen das Vorwort gefällt.

10. Juni // Budapest nach Adony // 1295 km

Johannes bleibt in Budapest. Er muss dringend letzte Korrekturen an einem Dokumentarfilm vornehmen, der in wenigen Tagen im SWR-Fernsehen gesendet werden soll. Paul und ich fahren weiter an der Donau entlang Richtung Südosten.

In Adony versorgen wir uns im Supermarkt mit den für das Frühstück benötigten Lebensmitteln. Nicht immer bekomme ich das, was ich zu Hause gerne esse. Aber Brot, Joghurt, Butter, Käse und Wurst gibt es in den meisten Supermärkten. Allerdings schmeckt alles anders als daheim. Aber dafür geht man ja auf Reisen. Am Abend sind wir eingeladen bei der Familie von Gabriella. Gabi, so nennt sie sich selbst, lebt normalerweise in Deutschland, schon seit elf Jahren bereits, gerade ist sie in ihrer alten Heimat. Hier in Ungarn war sie Lehrerin. Weil sie nicht bereit war, ihre politische Gesinnung für sich zu behalten, hat sie es vorgezogen, ihr Heimatland zu verlassen. Sie folgt mir seit Langem auf Facebook, kennt meine Reisen und findet die Touren und mich gut. Sie hat mich zum Essen eingeladen. Das Filmteam hält das für eine gute Idee und schöne Möglichkeit, ein wenig näher an die ungarischen Sitten und Gebräuche zu kommen. Gabriella und ich vereinbaren also den Zeitpunkt, an dem wir bei ihr eintreffen. Wir bitten sie, das Gulasch, das sie uns servieren will, nicht schon komplett vorzubereiten, damit ich noch mithelfen kann beim Kochen.

Auf dem Weg zur Unterkunft filmt Paul mich dabei, wie ich einkaufe. Hier, im kleinen Supermarkt in Adony, besorge ich die Sachen für unser Frühstück am nächsten Morgen. In unseren letzten Unterkünften wurde kein Frühstück mehr angeboten. Es sind private Appartements, in denen wir uns selbst versorgen. Als eine Verkäuferin kommt und Paul das Filmen in den Geschäftsräumen untersagt, hilft eine junge Frau, eine Kundin, beim Übersetzen. Wir verlassen den Supermarkt, um auf Johannes zu warten, der uns und die Fahrräder mitnehmen soll nach Solt zur Familie von Gabriella. Dorthin mit den Rädern zu fahren und nach dem Essen, das sicher sehr lange dauern wird, zurück zur Unterkunft nach Adony, würden Paul und ich heute nicht mehr schaffen. Das kleine Weingut von Gabriellas Familie ist etwa 15 Kilometer abseits unseres Wegs. Als wir auf der Bank vor dem Supermarkt sitzen, hält die junge Frau, die mit ihrer Mutter ebenfalls hier einkaufen war und für uns im Geschäft übersetzt hat, mit dem Auto an. Sie kommt auf uns zu und lädt uns auf eine Limonade zu sich nach Hause ein. Obwohl Johannes bald kommen wird, wollen Paul und ich diese freundliche Einladung nicht ausschlagen. Im Konvoi fahren wir hintereinander her; zuerst Bori, so heißt die junge Frau, und ihre Mutter im Auto, dann Paul und ich mit den Fahrrädern und hinter uns eine kleine Schlange von Autos, die nicht überholen können.

Wir erreichen das große Haus von Boris Eltern. Auf einer mit viel Holz gestalteten Terrasse sitzen wir in einer Sommerküche und trinken kühle Limonade mit frischen Minzblättern. Bori erzählt uns von ihren Studienplänen:»Ich möchte studieren, weiß aber noch nicht so recht, was.« Sie spricht recht gut Deutsch und hat bereits in Deutschland während eines Praktikums in einem Hotel gearbeitet. Im Garten steht ein großer Kirschbaum mit herrlichen reifen Kirschen.»Ihr könnt essen, so viel ihr wollt«, bietet uns die Mutter an. Dann holt sie noch ein Glas Essiggurken aus dem Regal. »Diese Gurken habe ich selbst eingemacht. Mit Brot und Wasser und Gewürzen stelle ich sie in die Sonne und lasse sie ziehen«, erklärt sie uns den Prozess. Die Gurken sind mild und würzig.

Obwohl die beiden Frauen uns gerne noch ein Weilchen bei sich behalten hätten, müssen wir uns verabschieden. Johannes ist mit dem Auto eingetroffen, und wir wollen die Einladung zum Abendessen bei Gabriella wahrnehmen. Wie gastfreundlich die Menschen sind, habe ich auf meinen Reisen immer wieder erlebt.

Immer wieder aber bin ich sehr gerührt davon, wenn völlig fremde Menschen mich zu sich einladen und mich zum Abschied herzlich umarmen. Es ist später geworden als geplant, als wir endlich bei Gabriella und ihrer Familie in Solt eintreffen. Der Koch, ein Onkel von Gabriella, hat bereits Gemüse und Fleisch klein geschnitten. Er und die anderen begrüßen mich herzlich mit einer Umarmung. Gabriella hat ihnen erzählt, wer ich bin und was ich so treibe. Der Onkel, er heißt Misi, ist der Chef. Er sitzt am Gulaschkessel, der über einem kreuzförmigen Gasgrill hängt. Misi rührt und dreht den Kessel, damit nichts anbrennt. Orsi, die Cousine, ihr Mann Zoli und ihr Sohn Almos beobachten mich und das Filmteam mit großem Interesse. Orsi, Gabi und ich schälen die Kartoffeln, die später in den großen Kessel kommen. Dann knetet Orsi einen Teig aus Mehl, Eiern, Milch und Salz, um daraus kleine Kügelchen zu formen. Ich übe mich darin, die Teigkügelchen möglichst klein zu machen. »Das hier ist zu groß«, rügt mich lachend Orsi. Sie ist Direktorin an einer Schule. Ich nehme das zu dicke Teigteil und mache zwei daraus. »So ist es richtig!«, lobt sie mich nun. Wir lachen viel während des Kochens. Zoli und sein Sohn Almos können es kaum erwarten, dass wir mit den Vorbereitungen für das Gulasch fertig sind. Denn Almos möchte uns etwas zeigen.

Almos ist 15 Jahre jung, recht schmal und sehr aufgeweckt. Mit acht Jahren begann er Motorrad zu fahren. Er ist Trial- und Enduro-Fahrer und belegte unter anderen Erfolgen bei der Ungarisch-Slowenischen Meisterschaft als Junior den dritten Platz. Sein Vater hat ihm ein kleines Trainingsgelände neben dem Haus gebaut und will mir nun zeigen, was er kann. Almos hat gehört, dass ich mit einer 125er Enduro durchs Pamir-Gebirge gebrettert bin. Jetzt will er mir zeigen, was er kann. Und er kann was! Der Junge fährt über Baumstämme, überquert mit dem Motorrad Kabeltrommeln, überspringt mit der Maschine alle Hindernisse, die auf dem Übungsplatz aufgebaut sind, und das, ohne auch nur einmal zu stürzen. Er hat meinen absoluten Respekt ...!

Langsam bekommen wir Hunger. Das Gulasch im Kessel über dem Gasbrenner duftet. Der Onkel rührt und rührt, damit nichts anbrennt. Und endlich ruft er uns zu Tisch. Wir bekommen das Gulasch in kleine rote Metalleimerchen gefüllt und dürfen essen. Die ganze Familie und wir sitzen eng zusammen an einem improvisierten langen Tisch. Es ist unglaublich gemütlich hier, und wir fühlen uns wirklich eingeladen. So gut hat mir lange kein Abendessen mehr geschmeckt! Wir loben den Onkel. Und lehnen auch das Nachfüllen der Eimerchen ein zweites Mal nicht ab. Zum Nachtisch gibt es mit Mohn, Nüssen und Pflaumen gefüllte Teigtaschen. Wir trinken dazu den leichten weißen Wein, der hier angebaut wird, gemischt mit Mineralwasser. Spät brechen wir auf und verabschieden uns von dieser gastfreundlichen Familie.

11. Juni // Adony nach Ersekcsanad // 1375 km

Heute morgen sind wir ein bisschen verschlafen. Es ist spät geworden gestern bei Gabriella und ihrer Familie. Paul und ich frühstücken schnell und räumen dann das Ferienhaus, in dem wir übernachtet haben. Lange fahren wir auf der Hauptstraße 51. Wir sind für die Kraftfahrzeuge, die hier fahren, ein Hindernis, das sie schnell umfahren wollen, ohne viel Abstand zu halten. Wir fahren also dicht am Rand der Straße, der meist unbefestigt ist. Nach Stunden leitet uns die Navigation von der stark befahrenen Straße weg. Zuerst ist der Weg befestigt. Aber bald befinden wir uns auf einem offenen Feldweg, der sich durch den Regen der letzten Tage in einen Schlammweg verwandelt hat. Paul fährt unbeirrt weiter, eine mit hohem Gras bewachsene Anhöhe hinauf und erreicht schließlich den lang gesuchten Dammweg. Leicht entmutigt folge ich ihm. Der Eurovelo 6 ist wieder aufgetaucht.

Der Dammweg ist, wenn er asphaltiert ist, der absolute Renner unter den Radwegen auf dieser Tour. Ich fahre dicht an der Donau entlang. Habe einen schönen Ausblick auf die herrlich grüne und unberührte Umgebung. Und ich komme gut voran. Die letzten Kilometer vor dem heutigen Tagesziel beginnt es wieder zu regnen. Also die knallgelbe Regenjacke rausgeholt und übergezogen, bevor die Kleidung komplett nass wird. Wer weiß, ob ich die heute Nacht trocknen kann.

Die Unterkunft liegt direkt an der Donau. Kein Mensch ist dort zu sehen, auch nicht der Vermieter. Als wir anrufen, kommen eine hochschwangere junge Frau und ihre Mutter, um uns einzulassen. Außer diesem Haus gibt es noch eine Reihe anderer Ferienhäuser. In der Nähe eine geschlossene Gastwirtschaft. Sonst nichts. Keinen Laden. Keine Gaststätte. Nichts. Ich recherchiere über mein Smartphone und finde eine Pizzeria, die Lieferdienst anbietet. Wir sind gerettet! Wir bestellen und bekommen eine halbe Stunde später unser Abendessen. Der Regen ist stärker geworden. Wir verkriechen uns bald nach dem Essen in unsere Betten, laden wie jeden Abend unsere elektrischen Geräte und schlafen lange und gut in der abgelegenen, stillen Unterkunft.

Ganz früh am Morgen wache ich auf und gehe hinunter zum Donauufer. So ruhig und klar, wie die Donau hier fließt, fühlt es sich an, als wäre alles in einer guten Ordnung.

12. Juni // Ersekcsanad nach Mohács // 1422 km

Der Radfernweg ist nicht ein durchgehender, asphaltierter, gut ausgebauter und gut beschilderter Weg, auf dem das Reisen mit dem Rad einfach und entspannend ist. Immer wieder kreuzen andere Radwege meine Strecke. Ich muss aufpassen, dass ich nicht aus Versehen einem anderen Weg folge und mich verfahre. Wenn man den Dammweg nicht findet oder dieser nicht vorhanden ist, fährt man auf Straßen. Da ein Radfahrer dort ein Verkehrshindernis ist, weil er sehr viel langsamer fährt als der übrige Verkehr, muss jedes Fahrzeug überholen. Die Straßen sind nicht sehr breit, der Randstreifen oft nicht befestigt. Immer wieder entstehen gefährliche Situationen. Radwege neben den Straßen sind häufig nicht gut ausgebaut, kreuzen andere Straßen, werden von Fußgängern benutzt oder mit Autos zugeparkt. Die Menschen, die mir auf Facebook folgen, schreiben zu Recht:»Pass auf dich auf, Margot.«

Seit ich Ungarn erreicht habe, sehe ich Störche auf ihren hohen, runden Horsten sitzen. Mit ihren schwarzen Schwingen sehen sie aus wie edle Herrschaften. Ihre Flügelspannweite beträgt gut zwei Meter. Hier in den Donauauen finden sie alles, was sie zum Leben brauchen. Äste und Schilf für den Nestbau und Nahrung für sich und ihre Jungen. Sie haben sicher bereits ihren Nachwuchs ausgebrütet und sind fleißig am Füttern. Es sieht sehr gemütlich und schön aus, wie diese großen Vögel hoch über den Häusern thronen und mit den Menschen in Einklang leben.

Heute wollen wir die Blaufärber besuchen. Das Färben von Stoffen mit Indigo, dieser blauen Farbe aus der Natur, ist ein sehr altes Handwerk. In Europa existieren nicht mehr viele Werkstätten. Der Arbeitsprozess ist aufwändig und erfordert großes Wissen. Gefärbt wird heute überwiegend mit chemisch hergestellten Farbstoffen. Paul und ich treffen Johannes in Mohács. Joh kommt mit dem Auto und einigem Gepäck des Filmteams hierher.

János Sárdi ist Meister in seinem Fach. Die Blaufärberei hat sein Vater aufgebaut. Herr Sárdi führt uns durch die verschiedenen Stationen des Blaudrucks. Zuerst wird der Baumwoll- oder Leinenstoff gewaschen, dann getrocknet und für den Färbeprozess vorbereitet. Mit Modeln, die in Wachs getunkt werden, wird der Stoff bearbeitet. An diesen Stellen haftet später die blaue Farbe nicht. So entsteht das weiße Muster. Die Model sind handgefertigte, etwa

30 Zentimeter lange und zehn Zentimeter breite Holzblöcke, auf denen geschnitzte oder mit Metallstiften gesteckte Erhebungen angebracht sind. Sie werden von Hand nach und nach auf den Stoff aufgesetzt. Ich darf ein wertvolles altes Holzmodel nehmen und das Ansetzen auf den Stoff ausprobieren. Die anderen Model darf ich nicht in die Hand nehmen. Es sind Originale, die nicht mehr hergestellt werden können, weil der Meister nicht mehr lebt, der sie gebaut hat, und kaum jemand noch dieses Handwerk beherrscht. Nach dem Trocknen wird der Stoff in der Indigofarbe gefärbt. János Sárdi nutzt dafür eigens aus Indien eingekauftes Pulver, das aus der Indigopflanze hergestellt wird. In einer großen Walzanlage, die aus Berlin stammt, können meterweise Stoffe bedruckt werden. Natürlich erwerbe ich im kleinen Laden in der Blaufärberei noch ein Mitbringsel für zu Hause. Ich liebe diese Farbkombination: Blau und Weiß. Aus den vielen schönen Mustern und Stoffen entscheide ich mich für einen Tischläufer mit typisch ungarischem Blumenmuster. Diese schöne Erinnerung gebe ich Paul und Johannes mit, um den Stoff später wieder abzuholen. Auf dem Fahrrad kann ich solche zusätzlichen Gegenstände nicht mitnehmen.

Der Einblick in dieses alte Handwerk ist außerordentlich interessant. Dass es kaum junge Männer gibt, die diesen Beruf erlernen wollen, bereitet János Sorgen. »Für Frauen«, sagt er, »ist diese Arbeit zu schwer. Man muss die nassen Stoffe heben und hin- und hertragen.« Seine eigenen Söhne haben andere Berufe erlernt. Nun hofft er darauf, dass er eines Tages vielleicht einem Enkelkind die Werkstatt übergeben kann.

Wir verabschieden uns. Für die Möglichkeit, einiges über dieses alte Kunsthandwerk zu erfahren, bin ich wirklich dankbar. Der Meister hat uns seine Zeit geschenkt, um uns all die vielen Details des Färberhandwerks zu erläutern. »János, Sie haben einen wundervollen Beruf«, bedanke ich mich bei ihm zum Abschied.

Aufstiegshilfe für Flussbewohner: die Fischtreppe
bei Halaszi in Ungarn

Karger Unter-
schlupf: Bei Regen
harre ich in einem
Bushaltestellen-
häuschen aus.

Geheimnisvoll: das Dark Gate Sötetkapu in der Stadtmauer von Esztergom

Zweirad-Pflegestunde: Auch mein E-Bike braucht zwischendurch Zuwendung.

Wahrzeichen von Budapest: Das Parlamentsgebäude liegt direkt am Ufer der Donau. Es ist mit seinen Türmen und Bogenfenstern beeindruckend.

111
Ungarn und Slowakei

Gulasch mit Familienanschluss: Gabriellas gastfreundliche
Familie lädt uns in Solt zum Abendessen auf ihr Weingut ein.

Junior-Champion: Der 15 Jahre alte Almos ist bereits
ein Meister auf seiner Enduro, einem Cross-Motorrad.

Klettern für den Frieden: In Budapest klettere ich auf die
Friedensbrücke und spaziere ein bisschen abseits der Regeln.

Fahrt ins Blaue: Wir besuchen die Blaufärber in Mohács.
Ich darf mit einem Holzmodel einen Druck wagen.

Serbien

13. Juni // *Mohacs nach Sombor, Serbien // 1472 km*

Johannes hat keinen Ausweis dabei und kann nicht nach Serbien einreisen. Wir versuchen es trotzdem und scheitern. Joh und Paul, das Filmteam, waren im Baltikum, um eine andere Dokumentation zu erstellen, bevor sie in Ungarn zu mir stießen. Weil zwischen diesen Reisen wenig Zeit blieb, um ordentlich und in Ruhe zu packen, liegt der Ausweis jetzt bei Johannes zu Hause. Serbien gehört nicht zur Europäischen Union. Daher benötigt man bei der Einreise ein gültiges Originaldokument. Er zeigt den Grenzbeamten eine Kopie seines Ausweises, die er auf dem Handy gespeichert hat. Da diese aber nicht eingescannt werden kann, kommt er nicht mal über die ungarische Grenze. Johannes entscheidet sich, im deutschen Konsulat in Budapest ein Ersatzpapier zu beantragen, und fährt zurück. Paul und ich reisen weiter und überqueren die Grenze von Ungarn nach Serbien.

Unser heutiges Tagesziel ist Sombor. Hier sind wir am frühen Abend beim humanitären Verein St. Gerhard eingeladen und wollen bei einem Deutschunterricht dabei sein. Der Verein betreibt ein Kultur- und Begegnungszentrum für die deutschsprachige Minderheit in Serbien. Die Leiterin der Einrichtung erzählt uns ein wenig über die Ziele: »Neben den Deutschkursen für alle Altersgruppen bieten wir Workshops und Freizeiten für Kinder und Jugendliche an. Wir pflegen die donauschwäbischen Traditionen und arbeiten unsere Geschichte auf.« Die Geschichte der Donauschwaben führt bis ins 18. Jahrhundert zurück. An der Militärgrenze zum Osmanischen Reich im damaligen Königreich Ungarn siedelten sich insbesondere Deutsche, aber auch eine geringe Anzahl von Franzosen, Spaniern und Italienern an. Habsburger Kaiser und private Grundherren holten die Männer und ihre Familien, um die Grenzlinie zu sichern. Viele von ihnen verloren ihre neue Heimat an der Donau im Zweiten Weltkrieg durch Vertreibung und Flucht. Der Angriffskrieg der deutschen Wehrmacht in Osteuropa hat mit dazu beigetragen, dass die Donauschwaben ihre Heimat oder gar ihr Leben verloren haben.

Während die Leiterin des Zentrums uns einiges über die Geschichte des Vereins erzählt, treffen die Kinder ein, die zur Deutschstunde kommen. Die kleine Gruppe beobachtet uns neugierig. Die Mädchen und Jungen sind zwischen acht und zehn Jahre alt. Als alle sieben Kinder, die heute an der Gruppe teilnehmen, eingetroffen sind, beginnen wir mit dem Unterricht. Wir stellen uns mit einer Geste und unserem Namen vor, die ganze Gruppe wiederholt die Geste und begrüßt uns auf Deutsch. Ich stelle mich vor, indem ich meine Arme ausbreite und mich im Kreis drehe. Die Kinder hüpfen oder machen komische Verrenkungen, wenn sie sich vorstellen. Anschließend können sich die Kinder Freizeitsportarten aussuchen, die sie pantomimisch vorstellen. Ein Kind aus der Gruppe rät dann die Sportart. »Du spielst Tischtennis?« Und das spielende Kind antwortet: »Ja, ich spiele Tischtennis.« Auch ich beteilige mich und stelle Fragen. Das letzte Spiel dreht sich um Gemüse und Obstsorten, die die Kinder in deutscher Sprache benennen sollen. Sie sind mit viel Engagement und Spaß bei der Sache. Ich hatte mich zu Beginn der Stunde kurz vorgestellt. Jetzt am Ende frage ich die Kinder: »Wollt ihr noch draußen das Fahrrad sehen, mit dem ich gekommen bin?« Alle wollen das E-Bike sehen, mit dem ich weiter bis zum Schwarzen Meer fahren will. Andrej, eines der Schulkinder, schaut skeptisch, er glaubt mir anscheinend nicht. Die Leiterin sieht es ihm an, dass er nicht wirklich glauben kann, was ich über meine Reise erzähle, und fragt ihn: »Andrej, was denkst du? Du glaubst es nicht?« Andrej schüttelt zuerst zögerlich, dann überzeugter seinen Kopf. »Nein!« Er ruft es beinahe wütend. »Das kann man nicht machen.«

Ich zeige ihnen mein E-Bike, erkläre, was am Lenker alles angebracht ist, die Klingel, die Halterung für das Handy, wie man den Akku abnimmt. Ich zähle auf, was in meinen Packtaschen ist: Kleidung, Zelt, Schlafsack, die Küchenutensilien. Tatsächlich habe ich aber vor dem Besuch in der Einrichtung die schweren Teile aus den Packtaschen ausgetauscht gegen Sofakissen aus der Unterkunft, in der Paul und ich heute sind. So ist das Rangieren bei den Filmaufnahmen, die Paul durchführt, für mich leichter. Als ich den Mädchen und Jungen aufzähle, was alles in den Taschen sei, kann sich Paul vor Lachen kaum halten. Wir hoffen, dass der skeptische Junge nicht in die Taschen hineinschauen will. Es geht gerade noch mal gut.

14. Juni // Sombor über Novi Sad nach Svilos // 1502 km

Da Johannes im deutschen Konsulat seinen Ersatzausweis abholen möchte, wird er erst später wieder zu uns stoßen. Paul und ich reisen im Zug nach Novi Sad, um von dort aus mit dem Rad nach Svilos zu fahren. In Svilos wollen wir uns treffen und gemeinsam eine Hundeauffangstation besuchen. Von Sombor bis Novi Sad sind es über 100 Kilometer, das schaffen wir nicht an einem Tag, zumal wir von Novi Sad mit dem Rad auch noch in die Berge müssen zum Tierheim.

Die Fahrt mit dem Zug ist genauso, wie ich es mir in meinen dunkelsten Träumen vorgestellt habe. Das heißt, nicht die Fahrt selbst, sondern das Ein- und Aussteigen mit dem Rad und all dem Gepäck, das wir dabei haben. Das Bahnhofsgebäude in Sombor ist verfallen. Die Farbe an der Fassade blättert ab. Welche da aufgemalt war, kann man kaum noch erkennen. Wir sind spät dran, obwohl wir früh aufgestanden und ohne zu frühstücken losgeradelt sind, um rechtzeitig den Zug zu erreichen. Ich schiebe mein Rad um das Gebäude herum, sehe einen Zug auf einem etwas weiter entfernten Gleis stehen. Schnell laufe ich zu einem Bahnbeamten hin und frage: »Ist dies der Zug nach Novi Sad?« Er nickt, und ich bemühe mich, mit dem schwer beladenen Rad die Gleise und Gleiszwischenräume zu überschreiten, um zum Zug zu kommen. Es gibt keine andere Möglichkeit, als über die holprigen Schienen und zerfallenen Bretter zu schieben. Am Zug angekommen, werfe ich zuerst das Gepäck in den Zug, dann hilft mir Paul, das Rad hineinzuheben. Es ist mit dem Akku über 25 Kilo schwer. Die vier Stufen hinauf in den Zug sind steil, und alleine hätte ich mein E-Bike hier nicht reinbekommen.

Die Fahrt in dem einfachen Zug dauert zwei lange Stunden, in denen ich aus dem Fenster schaue, meine Gedanken schweifen lasse und noch ein bisschen vor mich hin döse. Es ist ein Bummelzug, der an jeder Bahnstation anhält. Als wir in Novi Sad ankommen, versuche ich, das Fahrrad aus dem Zug zu schieben. Es kippt nach vorne weg, und ich hänge ein bisschen hilflos zwischen dem Rad und den Stufen. Da kommt von hinten ein Fahrgast und hilft mir, das Rad wieder aufzurichten und auf den Bahnsteig zu heben. Dann schnell noch das Gepäck, und schon geht es los mit dem Rad Richtung Svilos. Bis zu einer Fähre über die Donau fahren wir auf einfachen, aber beschaulichen Straßen. Die Fähre ist alt, die Planken sind gebrochen, ich befürchte, dass das Schiff sinken könnte auf der Überfahrt. Wir kommen trocken am anderen Ufer an und treffen auf Johannes, der mit dem Auto aus Budapest kommt und glücklich seinen Passersatz in den Händen hält. Wir fahren alle weiter Richtung Svilos. Die kleine Straße führt in die Berge. Obwohl ich die größte Unterstützungsstufe einstelle, komme ich nur noch langsam voran. Als wir endlich in der Auffangstation eintreffen, steht bereits das ganze Team mit Carol Byers zur Begrüßung am Tor.

Animal Care Austria mit ihrer Begründerin und Präsidentin aus Wien, Carol Byers, besteht seit 2006. Der gemeinnützige Tierschutzverein hat Projekte in Ungarn, Rumänien, Indien, Serbien, in der Slowakei und in Österreich. Auch in Thailand, Afrika, Italien, Griechenland und der Ukraine wird eine Soforthilfe für Tiere in Not angeboten. Carol stellt uns ihr Team vor. Ein Tierarzt arbeitet in einem kleinen Klinikraum, wo er Tiere direkt vor Ort behandeln kann. Tierpflegerinnen aus Serbien kümmern sich um die etwa 150 anwesenden Hunde. Eine Fotografin aus Österreich macht Fotos von den Tieren, damit sie vermittelt werden können. Das Team ist außerordentlich engagiert und die nicht immer leichte Arbeit mit den Hunden macht ihnen Spaß. Da wir fremd sind, fangen die Hunde sofort an zu bellen. Es ist recht laut, und wir wandern nach und nach ein Gehege nach dem anderen ab. Die Hunde kommen an den Zaun, begrüßen uns und wollen mit uns spielen. Sie sehen gesund und zufrieden aus. Wenn ihre Gehege gereinigt werden, können die Hunde in der Zwischenzeit auf einer großen Wiese herumtollen. Die meisten der Hunde sind jung, wenige sind älter als ein Jahr. Da sie gesund sind, alle Papiere und Impfungen haben, werden sie schnell vermittelt. Als wir uns verabschieden, übergeben wir eine Geldspende an Carol. Diese ehrenamtliche Tätigkeit ist wertvoll und wichtig. Carol geht auch in Schulen, um den Gedanken des Tierschutzes vorzustellen. Nur wenn die Menschen begreifen, dass diese Tiere unsere Unterstützung benötigen, kann das große Leid der Straßenhunde gelöst werden, denke ich.

15. Juni // Novi Sad über Donauauen nach Belgrad // 1512 km

Wir holen uns ofenwarme Stücke von frisch gebackenem Mohn-
und Nusskuchen aus einer Bäckerei. Das große Stück Kuchen kostet
umgerechnet einen Euro und 38 Cent. Nach dem Frühstück fahren wir mit dem Auto in die Donauauen, um zu filmen. Eigentlich
wollten Paul und ich mit dem Rad fahren, zelten und dabei Filmaufnahmen machen. Da es heute Nachmittag laut Wetterbericht
voraussichtlich wieder regnet, ändern wir unseren Plan. Wir stellen
nach etwa 30 Kilometern das Auto ab und besuchen einen Natur-
schutzpark an der Donau. Wir bewegen uns inmitten von Wiesen,
Schilfgürteln und stehenden Altarmen der Donau. Angler sitzen
am Ufer. Schwäne spiegeln sich im Wasser. Boote schaukeln auf
den Wellen. Eigentlich recht romantisch. Aber sobald ich anhalte,
bin ich umschwärmt von Stechmücken. Obwohl wir uns mit dem
Mückenspray einsprühen, werden wir gestochen. Irgendwann beginnt es auch noch zu regnen. Wir retten uns in ein nahe gelegenes
Restaurant, bestellen leckere, frisch zubereitete Fischsuppe und
lassen es uns schmecken.

Mit Gabriella und der Leiterin des Zentrums der Donauschwaben
haben wir über die Löhne der Lehrerinnen in Ungarn und Serbien
gesprochen. Sie bekommen umgerechnet etwa 500 Euro pro Monat.
Das reiche gerade mal für Miete und Lebensmittel, sagen sie. Aber
wenn du Geld zurücklegen möchtest für eine Reise oder ein Auto,
dann ist dieses Einkommen viel zu gering. Auch essen gehen ist
nicht oft drin. Eine Reise, wie ich sie gerade mache, könnte eine
ungarische Lehrerin sich nicht leisten.

Belgrad im Regen. Die Hauptstadt Serbiens ist grau. Und heute
empfängt uns die 1,7-Millionenstadt im Dauerregen noch grauer. In
der Unterkunft verkriecht sich jeder von uns hinter seinen Laptop
und arbeitet. Doch als es dunkel geworden ist, gehe ich noch einmal
hinaus, um den Dom des heiligen Sava zu sehen. Ich hatte dieses

monumentale Kirchengebäude bereits beim Ankommen erblickt. Als ich den Tempel erreiche, bin ich zutiefst beeindruckt. Vor dem Dom glitzern Wasserfontänen. Das Heiligtum selbst ist beleuchtet und strahlt eine faszinierende Erhabenheit aus. Seine zauberhaften Kuppeln im neobyzantinischen Stil leuchten wie in einem Märchen aus Tausendundeiner Nacht.

16. Juni // Belgrad // 1517 km

Ich muss mir in Belgrad eine andere Unterkunft suchen, da ich noch einen Tag bleiben möchte und das Appartement, in dem wir übernachtet haben, nicht mehr frei ist. Im achten Stockwerk eines Hochhauses finde ich ein Zimmer. Da der Fahrstuhl zu eng ist, muss ich das Vorderrad meines E-Bikes abbauen, um es hinaufzubringen. »Im unteren Flur steht es nicht sicher«, sagt der Vermieter. Das Reisen mit einem Fahrrad erfordert mitunter viel Tragen und Schleppen.

Paul und Johannes fahren zurück nach Deutschland. Sie haben dort Termine. In einigen Wochen werden sie mich auf den letzten Kilometern der Reise wieder treffen und mich im Donaudelta und bei der Rückfahrt begleiten. Endlich bin ich wieder allein.

Immer noch regnet es in Belgrad. Die grauen Hochhäuser triefen vor Nässe. Ich mache mich auf die Suche nach farbenfrohen Bildern aus der trüben Stadt. Ich bin auch auf der Suche nach einer Bank, um serbische Dinar zu holen, möchte meine SIM-Card aufladen und etwas fürs Abendessen einkaufen. Hier, im Zentrum Belgrads, entdecke ich etwas Besonderes. In einer kleinen Straße sehe ich rechts und links der Fahrbahn dichte hohe Laubbäume vor den grauen, mehrstöckigen Hochhäusern. Sie überschatten die Straße so, dass es unter ihnen beinahe dunkel ist. Für einen normalen serbischen Sommer wäre der Schatten ideal. Heute aber tropft und rieselt der Regen von den Bäumen herunter. Die Bank finde ich gleich und fotografiere und filme von außen. Diese Aufgabe hat mir das Filmteam vor der Abreise noch mit auf den Weg gegeben. »Zeige Belgrad, so wie du es erlebst«, hatte Joh zu mir gesagt. Also Handy und Kamera heraus und gefilmt. Plötzlich geht die Türe der Bank auf, und ein Angestellter kommt mit ärgerlichem Gesichtsausdruck heraus. Er spricht mich auf Serbisch an, deutet auf die Kamera und das Handy, und mir ist klar, er will, dass ich sofort mit dem Fotografieren und Filmen aufhöre. Ich stecke alles in meinen Rucksack, hole mein Geld aus dem ATM-Automaten und verschwinde, bevor es Schwierigkeiten gibt. Serbien ist eine parlamentarische Republik und war früher Teilstaat von Jugoslawien. In der Öffentlichkeit bestimmte Gebäude zu fotografieren oder zu filmen scheint wie in Ungarn nicht erwünscht zu sein.

Für die weitere Navigation mit dem Handy möchte ich sicherheitshalber die serbische SIM-Card aufladen. Vielleicht kann ich das dort drüben am Kiosk erledigen. Ich frage die ältere Frau im Kiosk, und sie antwortet: »Ja, das können Sie hier machen.« Hinter mir stehen zwei Männer, die es offensichtlich eilig haben und bedient werden möchten. Ich lasse die beiden vor. Die überaus freundliche und hilfsbereite Kioskverkäuferin ruft mir zu: »Ich kann Ihnen auf jeden Fall helfen. Warten Sie bitte noch einen Moment.« Als die anderen Kunden gegangen sind, fragt sie mich nach der Telefonnummer. Die allerdings weiß ich nicht, denn ich habe ja eine neue mit der SIM-Card bekommen. Sie nimmt mein Telefon, ruft sich selber an und kennt nun meine Nummer. Dann lädt sie den gewünschten Betrag auf. »Vielen, vielen Dank!«, verabschiede ich mich von der hilfsbereiten Frau und wünsche ihr noch einen guten Tag.

Im großen Supermarkt an der Ecke in der Straße, in der auch mein Appartement ist, finde ich eine Theke mit frisch gekochtem Gemüse und knackigem Salat. Herrlich! Das ist genau das, was ich nach all den vielen üppigen Fleischmahlzeiten in den letzten Tagen brauche.

17. Juni // Belgrad nach Kovin // 1568 km

Ich fahre auf der E 70. Das ist eine vierspurige Europastraße, die von Spanien bis in die Türkei führt. Auf jeden Fall ist das kein Radweg. Mit hoher Geschwindigkeit sausen die Autos an mir vorbei. Wenn Busse oder Lastwagen kommen, entstehen Luftverwirbelungen hinter ihnen. Die könnten mich leicht aus der Bahn werfen. Glücklicherweise gibt es einen Randstreifen, auf den ich ausweichen kann. Normalerweise halten die Autos Abstand. Wenn allerdings Gegenverkehr kommt, ziehen sie dicht an mir vorbei. Einen Radweg gibt es hier laut meinem Radreiseführer Bikeline nur als unbefestigten, teilweise mit hohem Gras überwucherten Dammweg an der Donau.

Plötzlich spricht mich von hinten jemand an. Ein etwa fünfzigjähriger, recht korpulenter Mann auf einem Fahrrad kommt angeradelt. In einer Mischung aus Serbisch, Englisch und Deutsch versucht er mir zu erzählen, dass er in Deutschland gearbeitet habe. Er fragt mich nach dem Woher und Wohin. Als ich ihm sage, dass ich ans Schwarze Meer reise, ist er begeistert. Offensichtlich kennt er Leute, die das auch gemacht haben. Als Dragan, so heißt er wohl, mich einlädt, zu einem Drink mit zu ihm nach Hause zu kommen, lehne ich ab und bin einigermaßen erleichtert, als er abbiegt. Nach 30 Kilometern erreiche ich die etwas kleinere Nationalstraße nach Kovin. Hier fahren die Autos genauso schnell. Nur, dass ich keinen Randstreifen mehr habe. Also halte ich mich so dicht wie möglich am Rand der Fahrbahn. Kaum, dass ich mein heutiges Tagesziel und die Unterkunft erreicht habe, beginnt es wieder stark zu regnen. Als ich die Navigation checke für den nächsten Streckenabschnitt, bekomme ich eine Reisewarnung auf Google Maps. Im Internet lese ich, dass der andauernde Regen der letzten Wochen zu schweren

Überschwemmungen in Serbien und im Kosovo geführt hat. Es gab Todesfälle, und die Regierungen rechnen mit weiteren Flutwellen. Wenn das Regenwetter anhält, könnte auch die Donau über ihre Ufer treten, mutmaßen sie.

Ich fasse die Ereignisse der letzten Tage zusammen, schreibe auf meinem Notebook, das ich ans WLAN der Unterkunft angeschlossen habe. Der erste Teil des Buches, das ich über diese Reise schreibe, soll schon nächste Woche dem Verlag zur Korrektur übergeben werden.

Unten hat sich eine größere Gesellschaft lautstark im Hof versammelt. Einige Gäste rauchen draußen, während die anderen im angrenzenden Restaurant zusammensitzen und feiern. Serbische Musik dringt bis zu mir herauf. Der Regen hat jetzt am Abend aufgehört. Ich mag diese Stimmung, ein bisschen fremd, ein bisschen heimisch. In dieser Atmosphäre kann ich gut schreiben.

18. Juni // Kovin nach Golubac // 1646 km

Heute Morgen wache ich mit Kopfschmerzen und Gliederschmerzen auf. Frühstücken ist kaum möglich. Ich mache mich recht wackelig auf den langen Weg. Aber seltsam, kaum sitze ich auf dem Rad, geht es mir besser. Die frische Luft, die vielen interessanten Eindrücke und die Aspirin-Tablette helfen mir dabei, die Kraft für die beinahe 80 Kilometer zu finden, die ich an diesem Tag fahren will. Ganz beeindruckend wird es dann, als ich die Fähre über die Donau erreiche. Sie ist gerade voll beladen angekommen, und die Fahrgäste verlassen die Fähre. Dort, wo sie am Ufer anlegt, ist der Boden nicht befestigt. Die Fährleute haben ein loses Metallgitter zwischen die Fähre und die Auffahrt gelegt, das auf der offenen Erde ständig verrutscht. Jedes abfahrende Auto drückt das Gitter tiefer in den Boden, sodass das nächste Fahrzeug die Fähre nur noch mit Mühe verlassen kann. Immer wieder füllen die Fährleute die Vertiefung mit Erde und Sand auf. Mit einem tiefergelegten Sportwagen wäre es sicher besser, eine Brücke zu nutzen als diese Fähre. Fasziniert beobachte ich das Schauspiel. Als die Fähre leer ist, sind wir dran. Nach den Fahrzeugen können die Motorräder auf die Fähre auffahren, dann die Fußgänger, dazu gehöre auch ich mit dem Fahrrad. Die Überfahrt von Stara Palanka nach Ram dauert beinahe eine halbe Stunde. So können wir während der Fahrt die Ruine oberhalb von Ram bewundern. Die bergige Strecke bis Golubac fordert mich und den Akku. Ich bin recht froh, als ich meine heutige Unterkunft erreiche. Gerade mal so hat der Strom für die Strecke mit ihren vielen Steigungen gereicht. Das Appartementzimmer liegt ebenerdig zur Straße, nur durch eine Stufe getrennt. Heute Nacht kann mein E-Bike also mit mir im Zimmer schlafen.

19. Juni // Golubac nach Donji Milanovac // 1701 km

Seit einigen Tagen sehe ich in Zentralserbien in den Donauauen, wo in den Buchten das Wasser steht, viel Unrat. Vor allem die Plastikflaschen, von denen Andreas Fath gesprochen hat. Sie gehen nicht unter, bleiben nicht am Grund des Flusses liegen. Sie werden nach und nach in kleinste Partikel zerrieben und bilden dann das gefährliche Mikroplastik, das das Wasser, die Fische, unsere Nahrung und uns selbst vergiftet. Am Ufer sitzen Angler, die inmitten des schwimmenden Mülls Fische fangen und diese an Restaurants in der Nähe verkaufen. Ihnen scheint die Ansammlung von Plastikmüll nichts auszumachen. Zwingend notwendig erscheint mir, wenn wir die zunehmende Vermüllung unserer Erde aufhalten wollen, die Schaffung eines Bewusstseins über unser Verhalten, in Deutschland, aber auch in allen anderen Ländern dieser Welt.

Von den angekündigten 21 Tunnels, die ich heute auf der Strecke durchfahren soll, durchquere ich nur 16. Wo die anderen fünf geblieben sind, weiß ich nicht. Aber diejenigen, durch die ich fahre, reichen mir. Wenn sie länger sind als 200 Meter, wird es in der Mitte des Tunnels recht düster. Ich sehe nichts, obwohl ich mein Fahrradlicht angeschaltet habe. Dazu tropft Wasser von der Decke des Tunnels, das sich auf dem Boden sammelt. Wenn Autos von hinten heranbrausen, wird mir angst und bange. Ich habe meine knallgelbe Warnweste übergezogen, um besser sichtbar zu sein. Aber die Fahrzeuge kommen mit einer hohen Geschwindigkeit in den Tunnel gerast und sehen mich meist erst in der letzten Sekunde. Nach den Tunnels geht es lange und anhaltend bergauf. Eine kurze Strecke mit starker Steigung ist leichter zu bewältigen für mich, als mehrere Kilometer immer hochzufahren. Heute wird mein Akku ausreichen, die Strecke ist nicht allzu lang. So kann ich die dritte Unterstützungsstufe nutzen, um mich nicht zu sehr zu verausgaben. Ich komme trotzdem ganz schön aus der Puste.

Den ganzen Tag fahre ich an der Donau entlang. Rechts von mir erheben sich steile Felsen. Das Eiserne Tor liegt vor mir. Das Durchbruchtal liegt zwischen den serbischen Karpaten und dem Banater Gebirge an der Grenze von Serbien und Rumänien. Bis 1972, vor dem Bau eines Staudamms, galt diese Engstelle als der für die Schifffahrt gefährlichste Flussabschnitt der Donau, der ohne ortskundige Lotsen nicht passiert werden konnte.

Durch die schweren Regenfälle der letzten Tage gab es auch auf meiner Strecke Erdrutsche und Schlammlawinen. Obwohl die meisten Steinbrocken und der Schlamm bereits von der Straße geräumt sind, liegen immer wieder Steine auf der Fahrbahn. Rechts und links am Fahrbahnrand häufen sich die beiseite geschafften Erdhaufen. Hin und wieder ragen abgebrochene Baumstämme und Äste auf den Weg. Mit einem Ohr lausche ich hinauf zu den Felsen und hoffe, dass gerade jetzt kein Stein herunterkommt.

Die letzten Tunnels sind aufgetaucht. Heute durchfahre ich fünf. Der längste, über 300 Meter lang, ist stockdunkel. Würde sich inmitten des Tunnels ein Schlagloch auftun, hätte ich keine Chance, es zu umfahren. Ich sehe einfach zu wenig. Mein Fahrradlicht schimmert matt an den feuchten, offenen Wänden. Ich radle wie ein Teufel, um hier rauszukommen. Wenn ich einen Tunnel geschafft habe, atme ich auf. Endlich, weit oben in den Bergen, der letzte. Aber zuerst genieße ich den Ausblick auf die Donau. Kleine Boote und Ausflugsschiffe fahren auf und ab, damit die Reisenden auf den Schiffen diese besondere Engstelle besichtigen können. Drüben, auf der rumänischen Seite des Stroms, wird eifrig gehämmert und gearbeitet. Die Sonne brennt zwischen den Felsen auf mich hinunter. Offensichtlich ist die regnerische und kühle Phase meiner Reise beendet. Jetzt soll es richtig heiß werden. Ich trinke Knajz Milos, ein Mineralwasser, das schön prickelt. Täglich kaufe ich mir 1,75 Liter davon im Supermarkt. Da ich jetzt überwiegend in privaten Appartements übernachte, kann ich mir selbst das Essen zubereiten. Die Fleischmengen im Restaurant und die fettigen Beilagen sind mir nicht gut bekommen.

Lange Steigungen und lange Abfahrten, bei denen ich bis zu 50 Stundenkilometer schnell dahin brause, zeichnen heute meine Strecke aus. Einmal überholt mich eine Gruppe Motorrad-Reisender aus Deutschland. Natürlich, denke ich, wäre es jetzt auch gut, mit der Ducati, meinem Motorrad, hier entlang zu reisen. Da wäre ich weniger gefährdet, käme schneller voran, und Spaß macht es ja auch. Aber was beim Motorrad- oder Autofahren nicht so gut gelingt, ist dieser direkte Kontakt mit der mich umgebenden Welt. Ich rieche das frisch gemähte Heu. Höre die Vögel zwitschern. Der köstliche Duft der Sommerblumenblüten steigt in meine Nase. Ich kann Tiere und Menschen beobachten in ihrer Umgebung. Ich sehe die Gärten an den Häusern. Hin und wieder verfolgen mich wütend bellende Hunde. »Aber wer bellt, der beißt nicht«, sage ich mir und fahre einfach zügig weiter. Es ist ruhig, da wo ich fahre. Ich selbst mache keinen Motorenlärm. Und die vorbeifahrenden Kraftfahrzeuge sind schnell verschwunden. Ich fahre und fahre. Langsam hört das Gedankenkarussell auf. Ich nehme einfach nur wahr. Die überfahrenen Schlangen an der Straße. Den Duft des serbischen Sommers. Die Geräusche der Natur. Das Herunterrieseln von Steinen an den Felswänden. Den Wind, der in den Blättern der Laubbäume rauscht. Der Fahrtwind saust warm über meine nackten Arme und Beine. Ich fahre. Ich vergesse, dass ich irgendwohin unterwegs bin. Ich fahre einfach. Es gibt nichts, was mich drängt. Nichts, das mich bedrückt. Ich muss nirgendwo hin. Nichts ist wichtig. Ich beobachte einfach, und urteile nicht. Ich sehe Müll an der Straße und im Wasser. Straßenhunde, die untereinander ihr Revier verteidigen, Schmetterlinge, die über dem warmen Asphalt taumeln. Ich fahre. Ich möchte immer so weiterfahren.

21. Juni // Kladovo nach Plaža Kusjak // 1821 km

Bis zur Stadt Negotin sind es noch etwa elf Kilometer. Ich habe in der Nähe der Plaža Kusjak, einem Aussichtspunkt, direkt an der Donau ein kleines Häuschen gebucht. Normalerweise suche ich Unterkünfte eher im Zentrum einer Stadt, damit ich etwas zu essen einkaufen oder in ein Restaurant gehen kann. Heute riskiere ich es, ohne Abendessen ins Bett zu gehen. Der Grund dafür ist die Schleusenbrücke hier ganz in der Nähe, auf der ich morgen die Grenze nach Rumänien überqueren will. Nach dem Aufbruch in Kladovo führt mich mein Weg auf der Straße Richtung Negotin. Aus irgendeinem mir nicht bekannten Grund habe ich keine Internetverbindung. Der serbische Anbieter scheint in dieser Gegend kaum Internet zur Verfügung zu stellen. Obwohl ich die SIM-Card unterwegs in einer Tankstelle auflade, kann ich mit meinem Handy nicht mehr navigieren. Im WLAN der Tankstelle suche ich mein Tagesziel und hangle mich jetzt an der Strecke entlang, die ich auf mein Telefon geladen habe. Ich weiß vom Blick auf die Karte, dass ich irgendwo zur Donau abbiegen muss, um an meine gebuchte Unterkunft zu kommen, die ein Stück vor Negotin liegt. Dort will ich morgen über die Grenze nach Rumänien.

Irgendwann klackert etwas hinter mir auf die Straße. Ich halte an. Gehe zurück und sehe meine Lesebrille mitten auf dem Asphalt liegen. Nach dem Tankstellenhalt vorhin habe ich sie einfach oben auf mein Gepäck gelegt und vergessen. Jetzt, nach dem Sturz auf den harten Boden, ist sie verkratzt, aber ich habe es glücklicherweise bemerkt und kann damit immer noch lesen. Die Abbiegung ist mit dem Eurovelo 6-Schild gekennzeichnet. Ich fahre also von der Hauptstraße ab und komme direkt auf den Radweg an der Donau. An der ersten Brücke, über die ich fahre, sehe ich im brackig stehenden Wasser so unfassbar viel Plastikmüll, dass es mich ganz wütend macht. Rund um ihre Häuschen in den Gärten machen die Bewohner sauber, nicht aber die Donau, an der sie alle leben. Vielleicht sagen sie sich: »Das ist nicht mein Müll.« Wenn jeder seinen eigenen Müll ordentlich entsorgen würde, gäbe es diese brutale Verschmutzung nicht. So aber müssen wir gemeinsam mit anfassen, um dieses Unheil aus unserer Umwelt zu verbannen.

Seit langer Zeit fahre ich wieder auf dem Fernradweg. Ich weiß zwar, warum ich lieber die gefährliche Straße nutze. Aber was jetzt kommt, hatte ich nicht erwartet. Es ist eine Schlammhölle. In den letzten Tagen hat es auch hier geregnet. Wenn der unbefestigte Weg nicht völlig holprig, sandig und krumm ist, bedecken Matsch und Pfützen den Boden. Rechts und links des Weges ragen stachlige Gewächse in den Weg. Ein einziger stachliger Ast würde reichen, um die Reifen zu beschädigen. Die Äste kratzen an meinen nackten

Armen und Beinen. Wenn ich stehen bleibe, um durch den Matsch zu schieben, überfallen mich Stechmücken. Einmal stürze ich beinahe mit dem schweren E-Bike und kann es grade noch so halten. Dafür stecke ich mit den Schuhen im modrigen grauen Schlamm. Gefühlt 20 Kilometer kämpfe ich mich durch diese Tor. Schließlich erreiche ich völlig verschwitzt, zerstochen und verdreckt meine Unterkunft. Da ich niemanden am Tor sehe, rufe ich die Hausbesitzer an. Ich höre sie nicht nur im Telefon sprechen, sondern auch auf dem angrenzenden Gartengrundstück. Als wir uns sehen, müssen wir lachen. Die Hausfrau und der Hausherr begrüßen mich überaus herzlich. Sie bringen mir sofort kühle Limonade und lassen mich erst einmal ankommen. Dann zeigen sie mir das kleine Haus, in dem ich heute Nacht schlafe. Auf dem Grundstück befinden sich noch weitere Unterkünfte in kleinen Hütten und Schlaffässern. Direkt an der Donau haben die Besitzer ein echtes Paradies eingerichtet. Und was am allerschönsten ist: Sie bieten mir an, für den gezahlten Unterkunftspreis das Abendessen und morgen auch das Frühstück zu servieren.

Auf dem hübschen Gelände gibt es Teiche, die mit Donauwasser gespeist werden, sie sind mit Wasserpflanzen und Fontänen bestückt. Kleine Brückchen führen über die Seen, in denen die Frösche um die Wette quaken. Am Ende des Grundstücks, direkt an der Donau gelegen, befindet sich eine Terrasse über dem Wasser, deren Geländer umrankt wird von Wein. Hier stehen liebevoll gedeckte Tischchen und Stühle für Gäste. Und hier bekomme ich auch mein Abendessen serviert. Eine würzige Bohnensuppe mit Fleischklößchen, gebratenes Fleisch mit knusprig gebackenen Kartoffeln, einen üppigen Salatteller mit Gurken und Tomaten, kühle rote Limonade und zur Krönung selbst gebackenen Kirschkuchen und starken, duftenden Kaffee.

Nach diesem harten Tag auf der Piste bin ich glücklich.

Der Durchbruch: Oberhalb des Eisernen Tors in den südlichen Karpaten genieße ich den faszinierenden Blick auf den Fluss.

Schwäbische Serben: In Sombor besuchen wir ein Kultur- und Begegnungszentrum der Donauschwaben.

Vereinsamte Vierbeiner: In der Hundeauffangstation Animal Care Austria in Svilos besuche ich junge Hunde, die darauf warten, dass ein tierlieber Mensch sie adoptiert.

Kontakt-Hilfe: Die freundliche Kioskverkäuferin in Bukarest hilft mir, meine serbische SIM-Karte fürs Handy aufzuladen.

Unterirdisch durch den Berg: 21 stockdunkle und feuchte Tunnel muss ich am Eisernen Tor in Serbien durchfahren.

Schnurrende Wegelagerer: Überall begegne ich auf dem Weg Katzen, die sich gerne streicheln lassen.

Erholsam: letzte Rast in Serbien in der traumhaft schönen Pension von Angelinin Konak nahe Negotin direkt an der Donau. Ich frühstücke auf der Terrasse am Fluss.

Beeindruckend: der nächtliche Anblick des Doms des Heiligen Sava in Belgrad

Rumänien

22. Juni // Negotin nach Pristol, Rumänien // 1856 km
Wir sind eine sehr gemischte Gruppe hier in unserer Unterkunft:
ein Pärchen aus Amerika, das mit dem Fahrrad neun Monate durch
Europa fährt und gerade aus Griechenland kommt, ein Pilger aus
England, der seit April zu Fuß nach Istanbul unterwegs ist, und
ich. Dazu kommt am Abend die rumänische Familie, die offensichtlich hier wohnt, wenn Gäste im Hause sind. Sie pflanzen vor
dem Ort schnell wachsende Bäume aus China, die nach kurzer Zeit
wieder gefällt und verarbeitet werden. Im Garten neben dem Haus
haben sie Lauch und Erdbeeren gepflanzt, eine ganze Plantage
von Pfirsichbäumchen schließt sich an. Die Unterkunft liegt in
dem kleinen Ort Pristol, erster Grenzort für mich in Rumänien. Sie
ist direkt an der staubigen Hauptstraße hinter einer hohen, weißen Mauer gelegen. Als ich durchs Tor trete, stehe ich vor einem
großen, einstöckigen weißen Haus. Eine breite Treppe führt in
die Stube. Dort können sich alle Gäste und auch die Familie auf
Sofas und an Tischen versammeln, eine kleine Küche steht allen zur
Verfügung. Die Zimmer der Gäste schließen an einen langen Flur
rechts und links an. Auch die Familie wohnt in einigen der Zimmer.

Im Dorfladen von Pristol gibt es nicht viel, aber verhungern muss
man nicht. Neben Lebensmitteln in Dosen, Gurken und weißem
Brot kann man dort auch Nägel in unterschiedlicher Länge erwer-
ben. Nägel brauche ich nicht für das Auswechseln der Bremsbeläge

am vorderen Reifen meines Fahrrads. Die Steigungen auf meinem Weg bringen auf der anderen Seite schnelle Abfahrten mit sich. Um nicht schneller als 50 Stundenkilometer zu werden, bremse ich. Dadurch sind die Beläge inzwischen etwas heruntergewirtschaftet. Das Auswechseln ist einfach. Ich löse mit meinem kleinen Kombiwerkzeug die Schrauben, tausche die alten Beläge mitsamt der Halterung aus und setze die neuen ein. Einige wenige Ersatzteile habe ich mitgenommen, dazu gehören zwei Bremsbeläge, ein kleiner Schlauch für die Bremsleitung, ein Ersatzschlauch. Wichtig dabei ist nur, dass man die unterschiedlichen Scheiben und Muttern wieder in der richtigen Reihenfolge dazufügt. Beim Ausprobieren, ob die Bremsen gut funktionieren, kippe ich mit dem Rad auf den Bodenplatten der Wiese nach rechts weg. Irgendwie war der Untergrund unter dem Rasen zu tief. Da ich nur mit den Zehenspitzen den Boden berühre, konnte ich mich nicht halten. Jetzt habe ich meinen rechten Fuß verstaucht. Das ist ein Fall für eine bekannte Salbe bei Sportverletzungen, die ich dabeihabe. Ich hoffe, dass ich morgen ohne große Probleme weiterfahren kann. Das Rad habe ich außerdem vom Dreck und Staub der letzten Tage befreit, die Kette geölt und die Reifen wieder aufgepumpt.

Wir sitzen in der großen Stube zusammen, lästern über die Mücken und erzählen Geschichten übers Reisen, über Gäste, die mit dem Kajak die Donau flussabwärts bis zum Schwarzen Meer gepaddelt sind und im Dezember dort ankamen, über die harte Arbeit auf dem Feld, wo Moskitos der Hausherrin das Leben schwer machen. Die Tochter erzählt: »Wegen des vielen Regens haben wir dieses Jahr noch mehr Mücken als sonst. Wir hoffen sehr, dass der heiße Sommer ihnen den Garaus machen wird.«

Nur 30 Kilometer habe ich heute zurückgelegt. Ich habe die Strecke heute bewusst so kurz gewählt, da ich mir nicht sicher war, ob ich zügig über die Grenze nach Rumänien kommen würde. Ich wollte auf jeden Fall ohne Zeitdruck bei der Zollstation ankommen; ein guter Tipp eines Motorradweltreisenden. Die Zollbeamtin an der rumänischen Grenze wollte den Inhalt meiner Packtaschen sehen. »Haben Sie Drogen, Zigaretten, Alkohol, Waffen ...?« Ich musste sie enttäuschen. Damit sie mich nicht ganz ohne Ergebnis der Durchsuchung gehen lassen musste, zeigte ich ihr das Glas selbst gemachte Marmelade, das mir die freundliche Hausherrin in Kusjacki mitgegeben hatte. Neugierig schaute die Zöllnerin ins Glas, in dem sich auch eine Scheibe Zitrone befand. Ob sie mich gleich nach dem Rezept fragen würde? Ich verkniff mir das Lachen und durfte weiterfahren.

23. Juni // Pristol nach Calafat // 1913 km

Ich halte an, um die Bremsbeläge des Vorderrads noch einmal richtig einzustellen. Anhalten kann ich nur, wenn irgendwo Schatten ist. Die Temperaturen steigen seit Tagen. Heute Vormittag sind es bereits über 30 Grad. Die Bremsbeläge, die ich gestern ausgetauscht habe, streifen an der Felge. »Hi! How are you?«, höre ich da von der Straße her jemanden rufen. Ich drehe mich um und sehe einen Mann, etwa Ende 50, vielleicht auch Mitte 60. Er steht da mit einem bunten beklebten Rad, viel Gepäck und braun gebrannt. »Hi«, antworte ich etwas matt.

Es geht mir nicht gut. Beim Aufwachen war mein Knie geschwollen. Es ist das linke Knie, das mir seit einem Skiunfall in jungen Jahren immer wieder Probleme bereitet. Damals war ich mit einem Ski in einer Baumwurzel hängen geblieben. Da die Schuhe fest am Ski angebracht waren, wurden meine Bänder gezerrt, vermutlich ist damals auch das Kreuzband gerissen und der Meniskus in Mitleidenschaft gezogen worden. Bei der Probefahrt gestern, bei der ich die Bremsen testen wollte, geriet ich mit dem Vorderrad von einer Bodenplatte im Garten der Unterkunft in eine tiefe Mulde im

Gras, die ich nicht gesehen hatte. Dabei stürzte ich mit dem Rad auf die Wiese. Zuerst hatte ich Schmerzen im rechten Fuß, mit dem ich mich abstützte. Mit der hochwirksamen Sportsalbe ist die Zerrung über Nacht etwas zurückgegangen. Aber mein armes linkes Knie macht mir nun Sorgen. Ich bin wohl mit der Kniekehle beim Sturz an das Pedal geraten. Jetzt ist das Knie dick, und ich kann es nicht mehr strecken und beugen. Ich humpele zum Frühstück, das mir die junge Hausfrau der Unterkunft netterweise zubereitet. Dann packe ich und will versuchen, ob ich Rad fahren kann. Es geht etwas holprig und steif. Aber es geht. Also fahre ich los. Aber immer wieder schleifen die Bremsbeläge, wie ich auch schraube und drücke.

Jetzt steht Philip vor mir, und als ich ihm erkläre, warum ich hier anhalte, beginnt er sofort, sich mit meiner Bremse zu beschäftigen. Er zeigt mir, was er macht. »Hier oben kannst du den Zug verstellen. Hier unten den Druck auf die Felgen.« Dann macht er eine kurze Probefahrt mit meinem Rad und ist zufrieden. »Wo kommst du her?«, frage ich ihn. »Ich lebe in Nancy in Frankreich. Ich bin auf dem Rückweg von meiner 12000 Kilometer langen Tour mit dem Rad durch Europa.« »Wow!«, staune ich. Und Philip erklärt mir genauer, wo er unterwegs war, und zeigt mir die einzelnen Etappen auf seiner Karte. Den ersten Teil seiner Tour ist er von Nancy in Nordfrankreich mit dem Auto, das seine Frau gefahren hat, bis zum Mittelmeer gefahren, dann mit dem Schiff nach Italien übergesetzt, weiter mit dem Rad, mit dem Schiff, mit dem Zug und wieder mit dem Rad. In Wien will seine Frau mit ihrem Fahrrad dazustoßen. Sie wollen die Rückreise nach Nancy gemeinsam machen. »In jedem Land, durch das ich gereist bin«, erzählt mir Philip, »habe ich einen Länderaufkleber besorgt und auf mein Fahrrad geklebt.« Er blickt beinahe liebevoll auf sein Rad. »Mein Fahrrad ist ganz stolz auf die bunten Aufkleber«, setzt er hinzu. Hier im Schatten unter den Walnussbäumen ist es angenehm zu stehen und zu plaudern.

Philip ist bald an seinem Tagesziel angekommen. Aber weil ich lange geschlafen habe, habe ich noch den größten Teil der Strecke bis Calafat vor mir. Daher verabschieden wir uns voneinander, nicht ohne vorher unsere Kontaktdaten für WhatsApp auszutauschen. »Auf Wiedersehn, Philip. Und gute Reise«, wünsche ich ihm. »Alles Gute, Margot«, ruft er mir zu. Dann fahren wir jeder in seiner eigenen Richtung weiter. Philip will morgen nach Serbien weiterfahren.

Es ist um die Mittagszeit. Die Straße liegt offen in der Sonne ohne jeden Schatten, keine Bäume, nicht mal Büsche am Straßenrand. Nach etwa 15 Kilometern sehe ich vor mir einen Stau. Es sind Lastwagen. Sie stehen. Eine Baustelle? Ein Unfall? Links an den Lastwagen kann ich vorbeifahren. Auch einige Autos und Motorräder fahren auf der linken Spur weiter. Wenn Gegenverkehr kommt, klemmen sie sich in eine Lücke zwischen den Lastwagen. Es wird heiß und heißer. Es sind jetzt 35 Grad. Die Lastwagen stellen ihre Motoren nicht ab. Vermutlich wollen sie die Klimaanlage nicht ausstellen und außerdem Diesel sparen. Wenn sie bei diesem Stopp-and-Go Verkehr jedes Mal den Motor an- und ausstellen würden, verbraucht dieser wohl mehr Sprit, als wenn sie den Motor dauernd laufen lassen.

Ich fahre dicht an den Lastwagen vorbei, um nicht in den Gegenverkehr zu geraten. Die Abgase und die Hitze auf dem Asphalt, die Schmerzen im Knie und im Fuß, das alles ist mehr, als ich gebrauchen kann. Aber im Leben gibt es immer wieder Situationen, in denen du nicht ausweichen kannst. Stehen bleiben ist keine Option. Es gibt nirgendwo Schatten. Also fahre ich konzentriert weiter. Jeden Augenblick könnte eine Lastwagentüre aufgehen. Über eine Stunde lang fahre ich an dem Stau vorbei. Dann, an einer Abzweigung Richtung Widin, verstehe ich den Grund des Staus. Die Lastwagen wollen über die Grenze nach Bulgarien. Die Abfertigung dauert offensichtlich endlos lange. Wie lange der letzte

Lastwagenfahrer in diesem Stau wohl stehen mag? Vielleicht sogar bis morgen? Als ich meine Unterkunft erreiche, bin ich ziemlich fertig. Ich werde hierbleiben, bis sich mein Knie so weit erholt hat, dass ich ohne Probleme weiterfahren kann.

24. Juni // Calafat // 1913 km

36 Grad kurz nach Mittag. Ich bin auf dem Weg zur Apotheke. Diclofenac, Paracetamol und eine Kniebandage habe ich mir besorgt. Jetzt muss alles rangeschafft werden, was mir hilft, schneller wieder auf die Beine zu kommen. Glücklicherweise nehme ich ganz selten irgendwelche Schmerzmittel. So können diese jetzt gut wirken. Die nächste Unterkunft von hier ist über 70 Kilometer entfernt. Daran, auf einem Campingplatz oder gar auf einer Wiese zu übernachten, kann ich mit dem lädierten Knie nicht denken. Ich brauche eine feste Unterkunft, mit Dusche, Toilette und einem richtigen Bett. Auf dem Rückweg von der Apotheke komme ich an einem Markt vorbei. Der Markt ist in einer Halle untergebracht mit einer bogenförmigen, mit gelbem Plastik gestalteten Deckenkonstruktion. Wegen der unbarmherzigen Hitze draußen haben die Marktleute ihre Ware mit Tüchern abgedeckt. In der Halle ist es stickig und heiß, es gibt kaum Kunden. Neben Gemüse und Obst kann man hier auch Kleidung und Haushaltsartikel kaufen. Hier sitzen die Verkäufer nun den ganzen Tag, warten auf Kunden, ertragen die schwüle Hitze und harren aus, vermutlich für wenig Gewinn. Es gibt für das frische Obst und Gemüse in der Halle keine Kühlung. Wie viele Tage die Waren wohl da liegen kann, bevor sie durch die Hitze verdirbt und weggeworfen werden muss?

In meiner Unterkunft angekommen, beginne ich sofort mit der Behandlung. Jetzt spüre ich kaum mehr Schmerzen im Knie, Das Paracetamol wirkt. Vielleicht reicht noch eine weitere Nacht in Calafat aus, dann versuche ich weiterzufahren.

Die nette junge Hausherrin aus der Unterkunft in Pristol erzählte am Abend ein wenig von ihren bisherigen Gästen. Sie zeigte mir ein Foto von einer deutschen Frau, die auch alleine mit dem Rad unterwegs war. »Diese Frau«, erzählt sie, »hatte große Angst vor den rumänischen Straßenhunden. Sie hatte einen großen Stock auf dem Rad dabei, um sich im Falle eines Angriffs verteidigen zu können.« »Ja«, antwortete ich, »in Deutschland warnt man vor den Hunden. Sie seien gefährlich und würden Radfahrende verfolgen.« »Weißt du«, erklärte sie mir darauf, »was du machen musst, wenn du einem Straßenhund begegnest? Du solltest nicht versuchen, schnell wegzufahren. Sie könnten dir hinterherrennen. Bleib einfach stehen. Wenn sie nicht weglaufen, tue so, als würdest du einen Stein vom Boden aufheben und nach ihnen werfen.«

Bisher bin ich in den Dörfern bereits einigen Hunden begegnet, die bellend hinter mir hergerannt sind. Da ich mit dem E-Bike recht schnell fortkomme, haben sie mich nie eingeholt. Tatsächlich habe ich vor den Hunden nicht so viel Angst. Auch in Kasachstan und im Pamir gab es Hunde, die mir nachbellten. Zum Glück hat mich nie einer von ihnen gebissen.

Die Straßenhunde, die wilden Tiere in den Wäldern und in den Bergen Südeuropas sind in den Medien ein Thema, über das Reisende berichten. In den Karpaten und ihren Ausläufern leben wilde europäische Braunbären und Wölfe. Da ich überwiegend auf Straßen unterwegs bin, ist die Wahrscheinlichkeit sehr gering, diesen Tieren zu begegnen. Aber einmal, als Paul noch mit mir gefahren ist, schnellte plötzlich eine Schlange aus dem hohen Gras am Straßenrand auf die Fahrbahn. Sie war sehr dunkel, schmal und etwa einen Meter lang. Ich zog die Beine hoch, fuhr schnell an ihr vorbei mit der Befürchtung, sie könnte mich als Angreifer wahrnehmen und mich beißen. Paul sah diese Schlange auch. »Sie ist direkt, nachdem du an ihr vorbeigefahren bist, wieder zurück ins Gras gekrochen«, sagte er. Neben den großen Eidechsen, die hin und wieder auf dem warmen Asphalt ruhen, gibt es in Südeuropa sowohl ungiftige als auch giftige Schlangen. Die europäische Hornotter, eine Vipernart, war das wohl glücklicherweise nicht. Diese echte Otter, auch Sand- oder Hornviper genannt, ist die giftigste Schlange Europas.

Ein andermal, als ich direkt an der Donau Pause machte, bewegte sich etwas Dunkles auf den Steinen am Fluss. Als ich näher hinschaute, sah ich eine Schlange direkt vor mir ins Wasser gleiten. Die Hornotter, habe ich gelesen, kann sich auch im Wasser aufhalten. Sicherheitshalber habe ich mich von den Steinen am Ufer entfernt. Schlangen sind scheue Tiere, die sich verteidigen, wenn sie angegriffen werden. Nach dem Biss einer giftigen Schlange, rät Google, sollte der betroffene Körperteil ruhig und tief gelagert werden, damit sich das Gift nicht verteilt. Ärztliche Hilfe nach Bissen durch Wildtiere ist zwingend erforderlich.

Wie auch in Serbien gibt es in Rumänien Hilfe für Straßenhunde. Unter anderen arbeitet hier das Casa Cainelui, ein privat geführtes Tierheim in Timisoara, das Straßenhunde unterbringt, versorgt und vermittelt. Auch hier liegt das Hauptaugenmerk darauf, die Hunde zu kastrieren, um deren Vermehrung zu vermeiden und weiteres Leid zu verringern. Die rumänische Gesellschaft soll durch Aufklärung dazu bewegt werden umzudenken und ein anderes Bewusstsein für den Umgang mit Tieren erlangen. Spenden helfen diesen Vereinen, die Tiere ärztlich zu versorgen und zu füttern. Hunde können über den Kontakt zu den Vereinen gegen eine Schutzgebühr vermittelt werden.

26. Juni // Calafat nach Macesu de Jos // 1990 km

Nach drei Nächten in Calafat und der Behandlung mit den Produkten aus der Apotheke hat sich der Zustand meines linken Knies wesentlich gebessert. Die Ruhe hier im stillen Hotel mit dem romantischen Innenhof habe ich gebraucht. Manchmal hilft der Körper nach, wenn man von selbst nicht weiß, was gut ist für einen.

Die Donaukühe in der Walachei haben es mir angetan. Nur ein Zaun hält sie davon ab, auf die Straße zu laufen. In den Donauauen sind sie frei, nur der Fluss selbst bildet die andere Grenze. In der Wiese steht das Wasser. Wenn die Kühe dort durchmarschieren, spritzt es hoch bei jedem Schritt. Und sie gehen zügig, es scheint ihnen Spaß zu machen. Immer weiter wagen sie sich in den Fluss hinein. Bis zum Bauch stehen die großen ruhigen Tiere im Strom.

Weniger erquickend ist die Situation der Straßenhunde in Rumänien. Sie sind nicht gefährlich. Sie haben Angst. So zumindest sehe ich es. An einer Tankstelle habe ich den Tipp der Hausfrau aus der Unterkunft in Pristol ausprobiert. Es sind vier oder fünf Hunde, die mich bemerken, als ich mit dem Fahrrad ankomme. Sofort beginnen sie zu bellen und kommen auf mich zugelaufen. Ich bleibe einfach stehen. Spreche ruhig mit ihnen. Verdutzt schauen sie mich an. Bellen noch einmal. Dann ziehen sie sich zurück. Sie beobachten mich zwar weiter, aber keiner dieser halbwilden Hunde hat mich angegriffen.

An der Straße in einem Dorf sehe ich einen hinkenden, großen gelben Hund. Eine Eisenkette liegt um seinen Hals und hängt zwischen seinen Beinen bis auf die Straße. Immer wieder verheddert sich der Hund in der Kette. Ich möchte ihm helfen, will versuchen, ihm die Kette vom Hals abzumachen. Aber er läuft weg, als ich langsam auf ihn zugehe. Warum macht niemand aus dem Ort diese grässliche Kette ab? Warum helfen ihm die Menschen nicht? Sie sehen ihn jeden Tag damit umherlaufen! Wütend und traurig fahre ich weiter meines Wegs. Die meisten Straßenhunde, die ich sehe, sind älter. Sie sind oft verletzt. Haben Wunden an den Beinen oder am Körper. Ihr Fell ist schmutzig. Und sie sind dünn. Nach über 70 Kilometern durch die Walachei komme ich an meiner Unterkunft an. Die Kleine Walachei, auch Oltenien genannt, liegt östlich zwischen den Ausläufern der Karpaten. Unsere Redewendung »jemanden in die Walachei schicken ...« verstehe ich besser beim Durchfahren dieser faszinierenden Landschaft. Nur wenige kleine Dörfer liegen an meinem Weg. Das Hinterland ist meist nicht bewirtschaftet. Die Senke Richtung Donau ist feucht, da findet man kein geeignetes Ackerland. Hier kann der Blick weit schweifen, die Donau ist meistens in Sichtweite.

Am Ufer führt mitunter ein Dammweg entlang. Dieser ist aufgrund der starken Regenfälle in den letzten Tagen allerdings verschlammt und voller Pfützen. Nicht mein Fall. Ich bleibe auf der Straße, die immer wieder durch kleine Dörfer führt. Ich sehe, wie die Menschen leben, wie sie ihre Häuser gebaut haben, kann in ihre Gärten schauen. Die Häuser hier haben häufig Säulen vor der Hausfront. Diese tragen kleine Bogenerker, kunstvoll gestaltete Dächer und Türmchen. Wie in meiner letzten Unterkunft sehen die Häuser von außen mitunter herrschaftlich aus, drinnen merkt man aber, dass es keine Paläste sind. Die Steckdosen sitzen nicht fest in der Wand, Türen und Fenster dichten nicht wirklich ab. Die Krönung sind die geschmiedeten Zäune mit vergoldeten geschwungenen Verstrebungen und Verzierungen. Neben den Goldzäunen liegen Müllhaufen, man sieht verfallene Hütten und Autowracks. Die Straße führt meistens mitten durch das Dorf, es sind Siedlungen, die entlang der Straße entstanden. Gleich dahinter breiten sich Felder und Wiesen aus oder Brachland. Vor den Häusern liegen Grünstreifen, die offensichtlich jeder Hausbesitzer gestalten kann, wie er möchte. Manche sind üppig mit Koniferen und Bäumen bestückt. Manche quellen über vor blühendem Blumenschmuck. Andere wiederum sind entweder verwildert oder komplett niedergemäht. Diese Grünstreifen tragen auch dazu bei, dass es viele Vögel in den Dörfern gibt. Sie sitzen in den Büschen und Bäumen, die im Sommer wohltuenden Schatten spenden, und zwitschern, was das Zeug hält. Jetzt, wo das Gemüse reift, sitzen oft Frauen an Ständen auf den Grünstreifen und bieten Tomaten, Gurken und Paprika zum Verkauf an.

Nach den drei Ruhetagen bin ich heute früh losgefahren. Die lange Strecke bewältige ich problemlos. Ich habe im nächstmöglichen Dorf eine Unterkunft gebucht. Die Abstände zwischen den Unterkünften, meist private Pensionen, werden größer. Gegen Mittag bereits treffe ich an meinem heutigen Tagesziel ein. Eine Pension mit mehreren Zimmern, Gemeinschaftsküchen und Gemeinschaftsbadezimmern. Außer mir sind allerdings nur junge männliche Rumänen in der Pension, kein einziger anderer Reisender. Vermutlich sind diese jungen Männer Arbeiter auf Montage. Ich verpflege mich im kleinen unscheinbaren Dorfladen. Kaufe Kartoffeln, Tomaten, Zwiebeln und koche mir daraus eine leckere Gemüsesuppe. Eier bekomme ich im Laden nicht. Hier hat wohl jedes Haus eigene Hühner.

27. Juni // Macesu de Jos nach Corabia // 2062 km

Gestern Abend ist der junge Pilger aus England noch angekommen in der Unterkunft. Ich staune, wie er gestern wohl die 70 Kilometer zu Fuß geschafft hat. Auch am Morgen noch saß er im selben Haus wie ich. Heute wird er nach Bulgarien wechseln und weiter nach Südosten Richtung Istanbul wandern. Er bricht eine halbe Stunde vor mir auf. Als ich losfahre, treffe ich ihn noch ein letztes Mal, wünsche ihm eine gute und sichere Reise.

Die Tour heute ist lang, wieder über siebzig Kilometer. Und

obwohl es nicht heiß ist, strengt mich der Tag an. Ich bin auf einer stark befahrenen Straße unterwegs. Die Autos rasen mit hohen Geschwindigkeiten an mir vorbei, zwar meist mit genügend Abstand. Aber sie rasen. Der Lärm eines schnell fahrenden Autos ist schwer zu ertragen, wenn es ansonsten still ist. Immer wieder kommen mir Pferdekarren entgegen. Die braunen schmalen Pferdchen traben tapfer über den Asphalt und bemühen sich, gegen die rasenden Autos durchzuhalten.

Von Weitem sehe ich wieder einen dieser Pferdekarren herankommen. Ich wundere mich, wie fröhlich und schnell das Pferd galoppiert. Als es auf meiner Höhe ist, erkenne ich, dass niemand im Karren sitzt und das Pferd lenkt. Es ist ganz alleine mit dem Karren auf der großen Straße unterwegs. Was ist mit dem Besitzer passiert? An einem Rastplatz halte ich an, um zu trinken und mich kurz auszuruhen. Es ist eine unbefestigte kleine Einbuchtung, mit ein paar Bäumen und einem gelben Metalltisch. Im Schatten unter dem Tisch sitzt ein kleiner schwarzer Hund. Wie üblich bellt er kurz, verharrt, und als ich nicht gehe, verkriecht er sich wieder im Schatten unter dem Tisch. In meinen Taschen habe ich noch Brot und Wasser. Ich gebe ihm alles, was ich habe. Der kleine Hund ist überrascht, isst aber die Brotstückchen, die ich ihm zuwerfe, auf. Das Wasser schütte ich ihm in eine Plastikschale, die dort herumliegt. Es ist nicht mehr viel Wasser, für mich hätte es noch gereicht. Aber ich kann mir bestimmt im nächsten Ort etwas zu trinken kaufen. Der kleine Hund hat ein großes Stück des Brotes auf das Gras mitgenommen, wirft sich auf den Rücken, wälzt sich ein wenig und geht dann in den Schatten des Tisches zurück. Ich vermute, er hebt sich das letzte Stück Brot für später auf.

Am frühen Nachmittag erreiche ich mein Hotel. Bis in den dritten Stock hinauf muss ich mein Gepäck schleppen, es gibt keinen Fahrstuhl, und die junge Frau an der Rezeption scheint kein gesteigertes Interesse daran zu haben, mir zu helfen. Ich öffne meine Zimmertüre und staune. Es gibt drei große Glastüren im Zimmer, und aus allen Türen kann ich die Donau sehen! Sogar einen Balkon gibt es. Das Hotel liegt direkt an der Donau, ich kann einen Flussarm sehen und beobachten, wie Korn auf einen Lastfrachter geladen wird. Neben dem Hotel stehen mehrere riesige Silos, die offensichtlich gefüllt sind mit Getreide. Aus den Silos führen dicke Schläuche direkt zum Frachter, der mit geöffneter Ladeluke an der Mauer steht.

Jenseits des Flussarms sehe ich mehrere Schwemmlandinseln. Weit drüben am anderen Ufer kann ich Bulgarien erahnen. Nicht weit vom Hotel gibt es einen Bootshafen, in dem kleine und größere Boote liegen. Ich würde gerne mit einem dieser Boote eine Tour um die Inseln herum machen und frage die Rezeptionistin im Hotel, ob ich eine solche Tour buchen kann. Auf einem Schild steht, dass dies möglich sei. Doch die Dame an der Rezeption antwortet:»Ach, ich weiß nicht, ob die Leute da sind, die solche Touren machen. Da kann ich Ihnen nicht helfen.« Ich mache mich auf die Suche nach jemandem, den ich nach einer Tour fragen kann. Auf der Kaimauer stehen zwei Container. Als ich auf sie zugehe, kommt ein kleiner dicker Hund auf mich zugerannt und bellt wie verrückt. Ich sage ihm:»Junge, du brauchst nicht bellen. Es ist alles in Ordnung.« Er schaut mich verdutzt an, geht ein Stück weg, bellt noch einmal halbherzig und geht dann wieder in den Schatten zurück. Ich steige hinunter zu den Booten, Treppen und Stege führen vom Kai dort hin. Ich frage einen Mann, der sein Boot repariert.»Wissen Sie, wo ich Bootstouren buchen kann?« Er zögert mit einer Antwort, sagt dann aber:»Oben an der Mauer stehen auf einem Schild Telefonnummern. Versuchen Sie, dort anzurufen«, dann wendet er sich wieder seinen Arbeiten am Boot zu. Ich bedanke mich und steige die Treppen wieder hinauf.

Dort angekommen, sehe ich einen uniformierten Beamten, der mit Stechschritt auf mich zu marschiert.« Was genau wollen Sie hier?«, fragt er mich etwas barsch. »Ich suche jemanden, der mir eine Bootstour anbietet«, antworte ich etwas unsicher. Der Uniformierte trägt eine Waffe. »Ah«, antwortet er schon etwas freundlicher. »Sie wohnen drüben im Hotel und sind mit dem Fahrrad gekommen«, weiß er zu berichten. Wenn er schon alles weiß, denke ich, kann er mir auch helfen, die Bootstour zu organisieren. Und das tut er dann auch. Ich rufe eine der Nummern an, drücke ihm mein Telefon in die Hand, und er klärt alles. Zehn Minuten später ist ein stämmiger Rumäne da, etwa Ende 40, groß und stark. Er bekommt 150 RON, das sind umgerechnet 30 Euro. Da alles geklärt ist, marschiert der Grenzer wieder zu seinen Containern zurück. Er muss hier die Wassergrenze bewachen.

Ich steige mit meinem Bootsmann hinunter zu seiner Barke, einem kleinen Boot mit Motor. Wir brausen hinaus aufs Wasser, an den Inseln vorbei auf die Donau hinaus. Dort schwimmen grüne Bojen, die die Ländergrenze anzeigen. Auch wenn wir nicht weiter in den Strom hinausfahren können, ist die Fahrt aufregend. Ich kann erkennen, dass die Uferbereiche der Inseln, dort wo Büsche und kleine Bäume wachsen, überschwemmt sind, sie stehen mit ihren Wurzeln im Wasser. Die Inseln sind vollkommen unbewohnt und unberührt. Kein Mensch ist zu sehen. Das muss ein Paradies für Vögel sein! Ich liebe diesen Wind, der durch meine Haare weht, diesen Geruch der Donau ganz nah. Der Himmel über dem Strom ist weit. Außer dem Geräusch des Bootsmotors ist es ganz still auf dem Wasser. Wir fahren nicht allzu schnell, trotzdem ist die Stunde bald um. Ich bin erfüllt vom Glück, der Donau ganz nah zu sein.

Vom Wasser aus kann ich noch einmal sehen, wie die Frachter beladen werden. Hierherkommt also unser Getreide, auf einem der Frachter weht eine deutsche Fahne. Mein Bootsmann manövriert die Barke fachkundig zurück an ihren Liegeplatz. Ich bedanke mich bei ihm. Ich bin glücklich.

Spät am Abend betrete ich noch einmal den Balkon. Über der Donau ist die schmale Mondsichel aufgegangen und spiegelt sich in den Wellen. Ganz still liegt der Fluss mit seinen Armen und Schwemminseln vor mir. Mein Blick schweift weit über das Wasser. Von dort im Westen komme ich her. Über 2000 Kilometer bin ich bereits mit dem E-Bike gefahren. Richtung Osten sind es bis Constanta am Schwarzen Meer noch etwa 500 Kilometer. Von dort aus reise ich Richtung Norden bis Braila, wo das Filmteam sich wieder mit mir treffen wird. Ich genieße jeden Tag, jeden Augenblick dieser Reise, auch, wenn mir jeden Tag nach 60 Kilometern der Hintern wehtut. Über Nacht heilt alles wieder aus.

Nicht immer kann ich in Sichtweite der Donau fahren. Es gibt hier in Rumänien keinen geeigneten Radweg entlang des Stroms. Das Fahren auf den Straßen mit dem schnellen Verkehr ist stressig, auch wenn die meisten Autofahrer ausreichend Abstand halten. Die Nacht in meinem Hotelzimmer über dem Wasser ist ruhig. Der Frachter tuckert leise am Kai. Die Wellen der Donau treffen sanft am Ufer auf. Ich atme den Geruch der Donau ein, den der Wind zu mir herüberträgt. »Sei wie ein Fluss, der still die Nacht durchströmt«, schreibt Manuel Bandeira in einem Vorwort des Buchs von Paulo Coelho. So reise ich jetzt nach 48 Tagen. Nicht alles, was ich sehe, gefällt mir. Oft gibt es bedrückende Situationen, die mich verwirren oder traurig machen. Da ich reise, kann ich wenig verändern. Kann nur beobachten, beschreiben. Nachdenken. Nachsinnen über das, was ich in meinem Leben ändern kann. Nicht verurteilen. Wahrnehmen. Nicht aufhören zu verstehen. Mich nicht irritieren lassen. Bei mir bleiben. Zulassen. Meinen Weg gehen. Unbeirrt.

Still werden, wie der Fluss, an dem ich reise.

Der Wind ist stärker geworden und kommt glücklicherweise von links hinten, aus Nordwesten. Das angekündigte Gewitter bleibt aus. Der Himmel ist bedeckt, so ist es heute nicht besonders heiß. Ich radele den ganzen Tag auf einer viel befahrenen Straße. Bis ich kurz vor meinem Tagesziel von allen Navigationsapps einen steilen, nicht asphaltierten Hangweg hinaufgeschickt werde. Oben am Hang sehe ich einige Häuser. Die Bewohner werfen ihren Müll den Hang hinunter, den ich jetzt mühsam hinaufschiebe. Fahren kann ich hier nicht. Der Weg ist holprig, sandig und steil. Als ich oben ankomme, muss ich weiterschieben, der Weg bleibt unbefahrbar. Ich bin an den ersten Häusern von Visoara. In einem Abwasserkanal taucht der Kopf eines sehr jungen, kleinen braunen Hundes auf, kurz danach ein zweiter. Der erste Hund bellt mich kurz an, verstummt dann. Ängstlich sehen mich die beiden Welpen an. Sie wohnen wohl in dem Rohr, das im Kanal liegt. Ich spreche beruhigend auf sie ein, schiebe mein Fahrrad weiter den Berg hoch. Etwa 100 Meter vom Abwasserkanalrohr entfernt sehe ich ein Tier auf dem Boden liegen. Als ich näherkomme, entdecke ich einen weiblichen Hund, der auf diesem schmalen, unbefestigten Weg von einem Auto überfahren worden sein muss. Das könnte die Mutter der beiden Welpen sein, die da tot liegt. Unten haben sich die beiden jungen Hunde wieder auf den Weg getraut, bellen leise. Wird diese kleinen Tiere jemand füttern, jetzt, da die Mutter sie nicht mehr versorgen kann? Das Unglück muss vor Kurzem erst geschehen sein. Werden die Welpen überleben? Wird jemand den toten Körper des Hundes beiseiteschaffen? Das Bild der beiden kleinen Hunde, die nun ohne Mutter sind, geht mir nicht aus dem Kopf. Jemand von den Anwohnern muss die Mutter gefüttert haben, sie sah nicht mager aus. Vielleicht hilft diese gute Seele auch den beiden kleinen Tieren, hoffe ich.

Vor Traurigkeit werde ich beim Fahren ein bisschen müde. Vielleicht trinke ich auch zu wenig. Zum Essen habe ich oft keine Lust. Fahren, ja. Das geht jetzt immer besser. Die letzte Unterkunft in Suhaia und ihr Inhaber, Gabriel, sind wirklich der Hammer! So viel Gastfreundlichkeit, jedes Detail durchdacht, alles ist da. Bademäntel im Chalet, das ich gebucht habe. Feuchttücher und alles, was man im Bad braucht, ist vorrätig. Ich bekomme Abendessen, das der Gastgeber selbst zubereitet hat. Eine Gemüsesuppe, als Hauptspeise Hühnchen an Champignon-Kartoffel-Soße mit Paprika. Das Eis zum Nachtisch lasse ich mir ebenso schmecken. Gabriel ist ein wenig unglücklich, dass ich seinen selbst gebrannten Schnaps nicht versuche. Aber ich trinke seit Wochen gar keinen Alkohol; das Fahren fordert alles, da möchte ich meinen Körper nicht mit Alkohol belasten. Dieses Mahl schmeckt aber auch ohne Alkohol. Es ist leicht, nicht fettig und liegt mir nicht schwer im Magen. Das Frühstück am Morgen bereitet Gabriel ebenso liebevoll zu. Die Krönung der Gastfreundschaft, als ich aufbreche: Gabriel kommt mit einem Zweig roter Rosen zu mir. Er hat gesehen, dass meine Plastikblumen, die ich bei einer Pause an einem Friedhof vom Restmüll mitgenommen habe, ein wenig die Flügel hängen lassen durch den dauernden Fahrtwind. Ich darf mir also frische rote Rosen vorn an den Lenker stecken. Damit falle ich jetzt wirklich auf. Ich bedanke mich bei diesem wundervollen Gastgeber und nehme die lange Strecke bis Giurgiu auf.

Immer wieder starker Verkehr. Erschreckend schnell fahrende Autos. Bei Gegenverkehr halten viele zu wenig Abstand. Wenn ich ein Auto von hinten höre, beobachte ich in meinem Rückspiegel, ob es beim Überholen Abstand halten wird. Immer bin ich bereit, auf den unbefestigten Fahrbahnrand auszuweichen. Einige wenige erwarten das sogar. Ich sehe manche einheimischen Fahrradfahrer auf den unbefestigten Streifen ausweichen, wenn von hinten ein Auto kommt und hupt. Hier gibt es offensichtlich unterschiedliche Rechte für Verkehrsteilnehmer. Was mich besonders aufregt, ist der Verkehr durch geschlossene Ortschaften. Die Straßen führen meist sehr gerade und breit durch den Ort. Am Ortschild steht ein Tempo 50-Schild. Nichtsdestotrotz rasen die Fahrzeuge mit 80 oder 100 Stundenkilometern durch. Immer wieder sehe ich Gedenktafeln für Verkehrsopfer am Straßenrand. Nicht nur außerhalb von Orten, auch an den Ortseinfahrten und sogar mitten im Ort. Das macht mich sprachlos.

Jetzt blühen die meisten Sonnenblumen. Es gibt riesige Felder, die sich mitunter bis zum Horizont erstrecken. Sonnenblumen beeindrucken durch ihre goldenen Blütenköpfe, die während der Wachstumsphase dem Licht folgen und sich von Osten nach Westen drehen. Sind die Blütenköpfe einmal voll aufgegangen, hat das Schauspiel ein Ende und sie bleiben Richtung Osten gewandt.

Bei einer Rast entdecke ich, dass mein kleines Kettenrad am hinteren Fahrradreifen verschlissen ist. Die Kettenglieder sind stumpf und völlig verdreckt. Ich reinige sie grob mit einem Tuch. Noch greift das Kettenrad ohne Probleme. Die nächste Fahrradwerkstatt ist in Bukarest. Dort komme ich auf meinem Weg gar nicht hin, die Donau fließt gut 30 Kilometer südlich an der Stadt vorbei. Und ob ich hier in Rumänien überhaupt solch ein spezielles Kettenrad bekomme, ist fraglich. Für die Reinigung habe ich Kettenöl dabei, außerdem ein Reparaturset mit Reifenhebern für geplatzte Schläuche und ein Spray, mit dem man einen Reifen abdichten und aufpumpen kann. Also erst mal reinigen. Und beobachten.

Der Donauradweg ist bis Serbien gut ausgebaut und beschildert. Nicht immer befestigt, aber meist befahrbar. Doch in Rumänien sind die Feldwege auf dem Donaudamm nicht für Räder geeignet, insbesondere nach Regenfällen. Auch heute Abend hat es recht heftig geregnet. Mit einem Mountainbike und wenig Gepäck würde es vielleicht gehen. Aber ich fahre ein Trekkingrad vom Discounter. Das hat zwar bis jetzt gut durchgehalten, kann aber besser nur Straße. Auch meine Radreiseführer empfehlen eher Straßen als Feldwege.

Im »Atlas der Premium-Radwege« lese ich: »... und wie sieht's mit der Weiterfahrt Richtung Schwarzes Meer aus, nachdem man (...) ganz Serbien durchradelt hat? Das ist eine Frage der Abenteuerlust und Risikobereitschaft. Beim aktuellen Stand des Ausbaus der Euroveloroute 6 muss man einräumen, dass die Weiterfahrt zur Donaumündung (...) nur für echte Globetrotter und Weltenbummler angesagt ist. Die Infrastruktur für den Radtourismus (Hotels, Pensionen etc.) fehlt über weite Strecken, Radwege gibt es faktisch so gut wie gar nicht mehr, und über die offizielle Routenführung – soweit überhaupt existent – kann man diskutieren. Kurzum: Die Schlussetappe der Euroveloroute 6 ist – nach unseren Recherchen – größtenteils schlicht noch nicht realisiert worden, sodass man sich im Prinzip auch mit einer einfachen Straßenkarte bewaffnen kann, um der Donau bis ans Schwarze Meer zu folgen.«

30. Juni // Giurgiu nach Baneasa // 2228 km

Eine kurze Etappe von knapp 25 Kilometern liegt vor mir; ich möchte in Baneasa Alina besuchen. Den Kontakt mit der 54-jährigen Frau aus dem Harz bekomme ich über den Facebook-Chat »Leben in Rumänien«, von dem mir eine meiner weiblichen Fans auf Facebook erzählt hat. Alina hat sich in Baneasa ein altes Bauernhaus gekauft und ist dabei, es zu renovieren. Es liegt mitten im 5000 Einwohner zählenden Ort und ist umgeben von einem großen, verwilderten Garten. Es ist aus Lehm, Stroh und Holzstöcken erbaut. Es gibt Küche, Stube, Schlafzimmer und Diele. Aber ein Bad oder eine Toilette findet man in diesem etwa 70 Jahre alten Häuschen nicht. Die Toilette befindet sich im Garten. Dabei handelt es sich um eine Hütte mit Holzbrettern auf dem Boden, in die eine halbrunde Öffnung gesägt wurde. Unter der Hütte ist eine Vertiefung in die Erde gegraben worden. Die Front des Hauses weist zur kleinen Straße hin und wird wie viele dieser alten Gebäude von Säulen geschmückt, die das Vordach tragen.

Alina pumpt von Hand kühles Trinkwasser aus dem 30 Meter tiefen Brunnen. Heute soll ein Elektriker kommen, der die Pumpe an das Stromnetz anschließt. Dann genügt ein Knopfdruck für frisches Wasser. Weinranken, Walnussbäume, Erdbeeren und Obstbäume sind hier einmal gepflanzt worden. Jetzt sind sie von wilden Kräutern überwuchert. Seit ein paar Tagen hat Alina endlich Strom, ein Elektriker aus dem Dorf hat begonnen, die Leitungen neu zu verlegen. Noch ist viel zu tun an Alinas Haus, aber immerhin kann sie bereits im eigenen Schlafzimmer schlafen. Ich darf mich auf einer Luftmatratze in die Stube auf den Boden legen.

Alina erzählt viel aus ihrem Leben. Sie ist gehörlos und versteht mich nur, wenn sie das Gesprochene von meinen Lippen ablesen kann.»Ich habe mein altes Bauernhaus im Frühjahr gekauft«, erzählt sie mir.»Das ganze Haus war voller Müll und gebrauchter Gegenstände. Die Nachbarn haben mir geholfen, das alles zu entsorgen. Dafür habe ich ihnen einige von den noch brauchbaren Dingen wie Tischdecken, Geschirr oder Möbel gegeben«. Wenn ich Fragen habe, muss ich warten, bis sie mich ansieht. Ihre Mutter hat Alina beigebracht, von den Lippen zu lesen. Ich spreche langsam und deutlich, nur manchmal frage ich sie etwas mit abgewandtem Kopf. Dann antwortet sie nicht, und ich weiß, sie hat es nicht wahrgenommen. Alinas Kontakt zu den Nachbarn ist gut. Sie helfen, wo sie können. Bringen Essen vorbei, schaffen Müll weg, zeigen ihr, wo sie am Haus anfangen könnte zu renovieren. Als Alina das Haus gekauft hat, lebte Otto, ein Straßenhund, bereits auf dem

Grundstück. Otto, ein schwarzer Mischling, ist geblieben, als sie eingezogen ist. Sie hat Luna, eine junge rumänische Straßenhündin, mitgebracht. Jetzt sind die beiden unzertrennlich und spielen und toben im Garten miteinander.

Am Nachmittag zeigt mir Alina die Umgebung von Baneasa. Wir fahren zum Fluss Arges und den Seen, die in seinem Umfeld entstanden sind. Hier wurde ein Park geschaffen, in dem die Menschen sich wunderbar erholen können. Wege führen durch den Parcul Natural Comana, Brücken überspannen das saubere Wasser, überall stehen Bänke und Stühle zum Ausruhen. Geranien schmücken den Wegesrand, duftende Lavendelfelder laden zum Träumen ein. Wir sehen einen schwarzen Reiher draußen auf dem See, Teichrosen blühen am Ufer.

In einem Restaurant am See stärken wir uns mit einem guten Abendessen. Man serviert uns Kebab, Kartoffelpüree, Rote-Bete-Salat, alles ist gut gewürzt und sehr lecker. Auf unserem Rückweg fahren wir vorbei am Manastirea Comana, einem rumänisch-orthodoxen Kloster. 1461 wurde diese ursprünglich als Klosterfestung geplante Anlage erbaut. Heute hören wir in der großen, goldgeschmückten Kirche, wie ein Mönch einem Jugendlichen die Leviten liest. So übersetzt zumindest Alina, was da gesprochen wird. Sie glaubt, dass der junge Mann gestohlen haben könnte. Jetzt muss er die ermahnenden Sätze des Mönches wiederholen. In einer kleinen Kapelle finden wir ein gruseliges Grab. Von einem Holzgitter bedeckt, lagern in einem tiefen Kellergewölbe Hunderte von menschlichen Schädeln und Knochen.

1. Juli // Baleasa nach Oltenita // 2284 km

Heute Morgen dusche ich, indem ich eine Kanne kühles Brunnenwasser über mich gieße – im hinteren Garten, wo mich die Nachbarn nicht sehen können. Es ist herrlich erfrischend und völlig ausreichend. Nach dem Frühstück unter einem Walnussbaum gehen wir zu Mioara, der Nachbarin auf der anderen Seite der Straße. Sie hatte mich gestern zu Alina gebracht, als ich das Haus gesucht hatte. Mioara ist Anfang 60, Witwe, wie die meisten Frauen hier im Ort. Im großen Garten der Nachbarin wachsen Zucchini, Karotten, Zwiebeln und Knoblauch, Bohnen, Paprika und Mais. Sie bearbeitet den Garten, hält Hühner und versorgt sich auf diese Weise selbst. Wie Oda bekommt sie ihr Wasser aus einem tiefen Brunnen. Ihr Lehmhaus ist im Sommer kühl und hält die Wärme der Kachelöfen im Winter. Geheizt wird auch mit den leeren, abgeernteten und getrockneten Maiskolben. Der Boden im Haus ist aus gestampftem Lehm, bedeckt mit vielen bunten, wärmenden Teppichen. Als ich die Tassensammlung von Mioara bewundere, weil ich selbst zu Hause gerne schöne Kaffeetassen sammle, schenkt sie mir großherzig eine Tasse mit dem besonders hübschen, speziellen rumänischen Muster. Spät am Vormittag verabschiede ich mich von Mioara, Alina, Luna und Otto, den beiden glücklichen Straßenhunden, die hier ein Zuhause gefunden haben.

Es ist heiß geworden, 34 Grad zeigt mein Handy. Die Sonne brennt auf mich herunter. Glücklicherweise durchfahre ich immer wieder Schatten spendenden Wald. In den Baumkronen höre ich Hunderte von Singzikaden. Sie gehören zur Familie der Schnabelkerfen. Die Männchen dieser Zikaden erzeugen Laute im Bereich von 0,5 bis 25 Kilohertz, lese ich auf Wikipedia. Jedenfalls ist dieser Gesang, der der Fortpflanzung dient, ohrenbetäubend. Es war nicht einfach, in Oltenita eine Unterkunft zu bekommen. Es ist Wochenende, und es sind Ferien, und auch in der Pension, die ich schließlich gefunden habe, übernachtet eine Familie, die sich fein macht, um eine Feier zu besuchen. Bei Hochzeiten, Geburtstagen und anderen Familienfesten kommen in Rumänien mitunter viele Familienmitglieder zusammen. Nicht alle können im Haus des Gastgebers übernachten. Sie buchen dann frühzeitig Hotels und Pensionen. Da ich meine Unterkunft meist erst am Vorabend aussuche, habe ich bei ausgebuchten Hotels das Nachsehen. Nach wie vor scheue ich mich, auf Campingplätze oder private Wiesen auszuweichen. Die Mückenplage nach den Regenfällen ist immens. Obwohl ich Mückenspray anwende, wenn ich draußen bin, stechen die Insekten durch die Kleidung. Da sich die krankheitsübertragenden Mücken aufgrund der globalen Erderwärmung auch in Europa ausbreiten, möchte ich so wenig Risiko wie möglich eingehen. Trotzdem bin ich am ganzen Körper zerstochen. In der Pension kümmere ich mich um mein Rad, öle die Kette, reinige das Kettenrad, pumpe die Reifen auf und gönne mir dann aus Mioaras schöner Tasse eine heiße Schokolade.

2. Juni // Oltenita nach Calarasi // 2356 km

Schwülheiß ist es heute auf der langen Fahrt, die immer entlang der Hauptstraße führt. Ich trinke alles, was ich bekomme: Wasser, Fanta, Cola, Kaffee, nur keinen Alkohol. Trotzdem habe ich immer Durst. Die kleine Flasche, die ich auf dem Rad mitnehme, ist schnell aufgewärmt. In jedem Ort gibt es einen Kiosk, eine Bar oder einen kleinen Laden, in dem ich etwas zu trinken kaufen kann. Für eine kleine Flasche Cola zahle ich umgerechnet einen Euro. Hunger habe ich keinen. Obwohl ich jeden Tag durchschnittlich 50 Kilometer radele, habe ich bei der Hitze wenig Lust zu essen. Die Speisen in den Gaststätten sind fettig, liegen mir schwer im Magen. Am liebsten esse ich Joghurt und Äpfel.

Heute aber ist mein Glückstag. Ich halte im Schatten einiger Bäume vor einem scheinbar leer stehenden Haus an. Als ich mich umsehe, fällt mir von oben eine Frucht auf den Kopf. Ich hebe sie vom Boden auf und stelle fest, es ist eine Aprikose. Vollreif, süß und richtig groß ist diese wundervolle Frucht. Aprikosen gehören zu meinen Lieblingsfrüchten. Aprikosen enthalten Provitamin A, die Vitamine C, B und E, darüber hinaus noch Kalzium, Magnesium, Kalium, Phosphor, Kupfer, Natrium, Folsäure und Eisen. Die Vitamine A und E schützen die Haut vor gefährlichen UV-Strahlen, das kann ich auf dem Rad gut brauchen! Während ich noch staune, wie lecker und süß die erste Frucht schmeckt, werden auch schon die nächsten vom Wind heruntergeschüttelt. Dieses Geschenk der Natur nehme ich gerne und dankbar an. Ich esse so viele Früchte wie möglich. Mitnehmen kann ich die überreifen goldenen Aprikosen nicht.

Mit Alina aus Baneasa hatte ich darüber gesprochen, dass ich gerne irgendwo ans Schwarze Meer fahren möchte. Allerdings warnt mein Bikeline-Reiseführer davor, mit dem Rad nach Constanta hineinzufahren. Dort führt der Weg über eine vierspurige Straße. Der Verkehr soll gefährlich sein. Es gibt keinen Radweg, dafür aber lose Kanaldeckel, denen ich mit dem Rad nicht ausweichen könne. Alternativ wäre es möglich, mit dem Zug in die Stadt hineinzufahren. Zugfahren mit dem E-Bike und Gepäck habe ich bereits versucht, da war immerhin Paul vom Filmteam mit dabei. Der Gedanke, ohne Hilfe das schwere E-Bike mit all dem Gepäck in der Hektik in einen Zug bugsieren zu müssen, erfüllt mich nicht gerade mit Begeisterung. Weiter in den rumänischen Süden zu fahren, wo kleinere Orte am Meer erreicht werden könnten, erscheint mir ebenso wenig sinnvoll, da ich ja auf jeden Fall Richtung Norden zum Donaudelta fahren will, um am 17. Juli mein Filmteam in Braila zu treffen. Also habe ich mich jetzt entschieden, morgen gleich ohne Umwege Richtung Delta zu fahren, mir dort in Meeresnähe eine hübsche und ruhige Unterkunft zu suchen und mich eine Weile zu erholen.

Direkt am Meer gibt es nördlich von Constanta wenig Ansiedlungen, da sich das Feuchtgebiet Donaudelta weit am Ufer des

Schwarzen Meeres hinzieht. Die Donau teilt sich im rumänisch-ukrainischen Grenzgebiet auf. Sie verzweigt sich im Flussdelta in drei Hauptarme: dem südlichen Sankt-Georg-Arm, dem nördlichen Chilia-Arm und dem mittleren Sulina-Arm, den ich besuchen möchte. Bereits im letzten Jahr war ich während meiner Reise mit dem Lada zum Nanga Parbat im Donaudelta. Da hatte ich bereits den Plan, mit dem Fahrrad ans Schwarze Meer zu fahren, und wollte sehen, was mich erwartet, wenn ich es schaffen würde, im Delta anzukommen. Noch sind es bis Tulcea etwa 200 Kilometer. Von Tulcea nach Braila fahre ich dann etwa 100 Kilometer. Da ich auf der ganzen Reise zügig vorwärtsgekommen bin, kann ich Braila rechtzeitig erreichen und trotzdem vorher ein paar Tage faulenzen. Am meisten freue ich mich jetzt bereits auf die Bootstour durch das Donaudelta. Eine solche Tour habe ich 2022 bereits unternommen und war absolut begeistert über die artenreiche Vogelwelt. Vor allem die Pelikane hatten es mir angetan. Diese großen Vögel mit den riesigen gelben Schnäbeln leben dort im Sommer völlig ungestört in einem wundervollen Naturraum.

3. Juli // Calarasi nach Tandarej // 2428 km

Im Deutschen Wörterbuch der Brüder Grimm steht zu Tanderei Folgendes: »... Narrenköpf, die sölcher Tanderei glauben ... Spitzwerk und Tanderei, solch Stokesel, die glaubt haben, der Himmel wird durch solche Vasnachtspiel und Tänderei aufgesperrt ...«. Mal sehen, was mich dort erwartet.

Vielleicht wäre es doch gut gewesen, öfter mal in meinen Radreiseführer zu schauen. Dann wäre mir der heutige Tag auf einer Schnellstraße erspart geblieben. Einziger Vorteil: Es gibt kaum Schlaglöcher. Der Verkehr aber rast an mir vorbei, dass es mir angst und bange wird. Die eigentliche Route für Radreisende würde laut Bikeline rechts an der Donau entlangführen. Ich fahre an der linken

Seite, weil ich in der Navigationsapp den direkten Weg Richtung Donaudelta und Schwarzmeerküste gesucht habe. Und obwohl ich der Hitze wegen früh aufgebrochen bin, staut sich über dem Asphalt die heiße Luft. Dazu kommt auf der ganzen Strecke Gegenwind! Mit letzter Kraft und fast leerem Akku erreiche ich nach über 70 Kilometern meine heutige Unterkunft, eine Tankstelle! Gut, ich schlafe nicht in der Tankstelle. Aber auf den ersten Blick ist kein Motel zu erkennen. Das Gebäude wird renoviert, und alle Eingänge sind verschlossen. Also gehe ich in den Tankstellenraum und frage die blondierte, etwa 40 Jahre alte Rumänin:»Ich habe hier ein Zimmer gebucht. Ist hier das Motel?« Die Frau schaut mich an. Sie schaut und sagt nichts. Und sie guckt nicht gerade freundlich. Wenn du so verdreckt, verschwitzt und erschöpft irgendwo ankommst und auf ein sauberes Zimmer hoffst und auf eine warme Dusche und jemand guckt nur und sagt nichts, ist das nicht gerade erfreulich. Nach einer sehr langen Weile antwortet sie:»Ja.« Sie geht in ein Nebenzimmer, holt ein dickes Buch, trägt etwas ein und raunzt mich an:»Passport!« Ich gebe ihr meinen Ausweis, mit dem sie wieder im Nebenzimmer verschwindet. Dann kommt sie zurück, gibt mir meinen Ausweis und schickt mich aus dem Tankstellenraum.

Vor dem Motel erwartet mich eine ebenso wortkarge Mitarbeiterin, die mir mein Zimmer zeigt und mir den Schlüssel übergibt. Sie redet überhaupt nicht. Vielleicht denken die beiden, dass ich gar nicht so aussehe wie die üblichen Trucker, für die diese Unterkunft wohl gedacht ist. Es handelt sich um ein Motel direkt an der stark befahrenen Hauptstraße mit Tankstelle und kleinem Laden. Die Zimmer sind klein und einfach, aber sauber und zweckmäßig eingerichtet. Hier hängen keine Bilder an den Wänden wie anderswo üblich. Hinter dem Gebäude können die Lastwagenfahrer, die hier absteigen, ihre gewaschene Wäsche zum Trocknen aufhängen. Für mich ist solch eine Unterkunft genau das Richtige. Ich brauche nicht mehr als eine Dusche und ein sauberes Bett. Für die Planung der nächsten Strecken werde ich besser vor dem Losfahren neben der Navigations-App auch noch meinen Radreiseführer zurate ziehen. Und so nehme ich mir für den kommenden Tag eine kürzere Strecke vor. Ich muss die Donau überqueren und mich neu orientieren. Vielleicht komme ich dann wieder auf ruhigere Straßen.

4. Juli // Tandarej nach Harsova // 2463 km

»Irgendwann ist es eben so weit«, sagt schicksalsergeben der österreichische Radfahrer, der auf dem Weg von Passau nach Istanbul ist. Ich stehe an der stark befahrenen Straße und schiebe mein Rad. Grund dafür ist der platte Hinterreifen. Der 54. Tag, ich bin fast am Ziel, und nun das: eine Panne! Fast könnte man sagen: endlich.

Es ist heiß. 35 Grad. Der Asphalt kocht. Kein Schatten. Nirgendwo. Plötzlich ruckt und rüttelt mein Hinterreifen. Ich weiß sofort: Der ist jetzt platt. Für einen solchen Fall habe ich vorgesorgt. Denke ich zumindest. Also schiebe ich das Rad bis zu einer Stelle, an der eine kleine Einbuchtung es mir erlaubt, ein wenig Abstand vom schnell fahrenden Verkehr zu bekommen. Ich hole die Luftpumpe aus der Packtasche und versuche, den platten Reifen aufzupumpen. Die Luft bleibt nicht drin. Die Reifen und Schläuche sollen pannensicher sein, allerdings nur bei Schäden unter drei Millimetern. Also muss das Loch größer sein. Ich taste den Reifen ab, finde aber keinen Nagel, keine Glasscherbe oder etwas Ähnliches, das den Defekt verursacht haben könnte. Jetzt ist das Pannenspray am Zug. Es soll den Schlauch abdichten und gleichzeitig den Reifen aufpumpen. Da ich ein solches Spray noch nie benutzt habe, lese ich die Anwendungsbeschreibung konzentriert durch. Ich schraube den kleinen Schlauch der Dose auf mein Fahrradreifenventil. Öffne die Dose und drücke auf den Knopf. Das Ding ist undicht, der Schaum, der sich eigentlich im Fahrradschlauch verteilen soll, kommt aus dem

Deckel der Dose hervorgeschäumt. Es sieht aus wie Schlagsahne. Ich versuche, den Schaum in den Schlauch zu bekommen, indem ich alles zuhalte. Der Schlauch wird immerhin aufgepumpt.

Während ich dabei bin, diese aufgeblasene Schaumaktion irgendwie zu beenden, hält auf der anderen Straßenseite ein Radfahrer an. Er kommt herüber und sieht sofort, was passiert ist. »Hast du eine Fahrradpumpe?«, fragt er mich. Ich gebe ihm meine Pumpe, und er macht sich sofort daran, den Reifen weiter aufzupumpen. Die Luft scheint im Reifen zu bleiben. Erst nachdem der Platten behoben ist, stellen wir uns einander vor. Der hilfreiche Radfahrer heißt Teodor Banzan. Er ist mindestens 60 Jahre alt, sehr schlank und braun gebrannt und trägt einen Fahrradhelm, Sonnenbrille und diese bunten Rennrad-Outfits mit Markennamen. Dann zeigt er mir auf Instagram, dass er ein bekannter Radsportveteran ist, der viele Trips mit dem Rad gemacht hat. Schließlich bedanke mich bei ihm, und wir fahren weiter, jeder in seine Richtung.

Keine zehn Meter komme ich mit dem scheinbar reparierten Reifen. Die Luft entweicht erbarmungslos, und ich muss absteigen, um die Felge nicht zu beschädigen. Also schiebe ich mein Rad Richtung Harsova, das etwa sechs Kilometer vor mir liegt. Kurz darauf kommt von hinten der nächste Fahrradfahrer angebraust und hält an. Ich erkläre ihm kurz, was passiert ist. »Ich hatte heute auch bereits einen Platten«, sagt er. »Wo kommst du her und wo fährst du hin?«, frage ich ihn noch. »Ich komme von Passau und bin auf dem Weg nach Istanbul«, ruft der Österreicher über die Straße. Und als er sieht, dass ich mit einem E-Bike unterwegs bin, setzt er hinzu: »Die Reparatur ist nicht ganz so einfach. Aber in Harsova findest du eventuell jemanden, der dir helfen kann.« Wir verabschieden uns, und er fährt weiter, während ich weiterschiebe.

Das geht nicht ganz so locker, wie es sich anhört. Es ist immer noch heiß. Der Verkehr rast dicht an mir vorbei. Wenn Gegenverkehr kommt, weichen die Lastwagen nicht aus. Und ich muss auf den Grasstreifen ausweichen. Sechs Kilometer ohne Schatten ein schweres, beladenes E-Bike über eine Landstraße zu schieben ist nur mittelgut. Der Rest meines Wassers ist warm geworden. Mir rinnt der Schweiß in Strömen übers Gesicht. Mein T-Shirt ist nass. Und jetzt führt die Straße auch noch bergauf und um eine Kurve, in der mich entgegenkommende Fahrzeuge nicht rechtzeitig sehen können.

Während ich so dahinschiebe, überlege ich, wo ich am besten Hilfe bekommen könnte. Endlich erreiche ich den Ort. Gleich am Ortseingang ist eine Tankstelle, wo ich mir erst mal eine kühle Cola kaufe. Als ich die draußen am Rad trinke, kommt der Tankstellenbesitzer zu mir herüber und sagt:»Dein Reifen ist platt. Dort drüben ist eine Vulkanisierwerkstatt. Die können dir helfen«, und er zeigt dabei auf ein nahe liegendes Werksgebäude. Er hat vermutlich beobachtet, wie ich angekommen bin. Ohne dass ich fragen musste, hat er mir bereits einen wichtigen Tipp gegeben. Also schiebe ich weiter zur Werkstatt. Dort kommt sogleich eine Frau aus dem angrenzenden Laden und fragt:»Kann ich Ihnen helfen?«»Ja«, antworte ich und zeige den Text, den ich im Google Übersetzer vorbereitet habe. Sie liest ihn aufmerksam durch. »Mein Fahrradreifen ist platt. Können Sie mir helfen?«, habe ich da geschrieben und übersetzen lassen.

Die Frau versteht, ruft nach einem Handwerker und geht mit mir ums Haus. Der Handwerker liegt auf einer Bank. Sein Hemd ist aus der Hose gerutscht, der dicke Bauch liegt frei. Nur widerwillig legt der etwa 50-jährige Mann sein Handy aus der Hand. Die Frau ruft weiter nach arbeitswilligen Handwerkern. Zwei weitere Männer tauchen auf. Ein junger Mann, etwa Mitte 20 und ein älterer, etwa 40 Jahre alt. Die beiden hocken sich sofort vor mein Rad und wollen beginnen, den Hinterreifen abzuschrauben.»Das ist ein Elektrorad?«, fragt der Jüngere von ihnen. »Ja«, erkläre ich unsicher, denn jetzt legen sie das Werkzeug aus der Hand, schütteln den Kopf und erklären:»Das können wir nicht reparieren, das muss ein Elektriker machen.«»Und wo finde ich einen Elektriker?«, frage ich etwas verzweifelt. Sie weisen Richtung Ortsmitte.»Dort.« Und damit ist der Auftrag für sie beendet.

Ich befürchte bereits, dass sie mich einfach loswerden wollten, als ich direkt bei meiner Unterkunft eine andere Vulkanisierwerkstatt entdecke. Auch meine Gastgeberin, die ich nach einer entsprechenden Werkstatt frage, weist dort hinüber. Ich checke in mein Zimmer ein, dusche und ziehe mich um. Dann gehe ich ohne große Hoffnung mit meinem Rad zur Werkstatt. Auch hier zeige ich mein Sprüchlein. Nachdem der Handwerker Reifen auf ein Fahrzeug aufgezogen und die begonnene Arbeit beendet hat, wendet er sich meinem Rad zu. Der Mann, etwa Anfang 50, bekleidet mit schwarzer kurzer Hose und schwarzem T-Shirt, günstig bei dieser Arbeit, weil man dann den Schmutz nicht gleich sieht, beginnt ohne viel Worte, den Reifen zu lösen und den Schlauch herauszuholen. Anschließend pumpt er ihn mit der elektrischen Pumpe auf. Dann zeigt er mir das Loch, das mindestens einen Zentimeter groß ist. Inzwischen ist sein etwa zwölf Jahre alter Sohn dazu gekommen. Der Vater weist ihn mit ruhigen Worten an, sagt ihm, wo er halten und was er holen soll. Dann kommt die Frau des Handwerkers und bringt dem Jungen und mir kühle Cola. Ich denke erst, in dem Pappbecher wäre Kaffee, und schüttle mit dem Kopf.»Nein«, sagt sie.»Um diese Zeit trinken wir keinen Kaffee.« Der Handwerker schmirgelt den Schlauch an der kaputten Stelle mit Schmirgelpapier, bestreicht ihn mit Klebstoff und klebt einen großen Flicken auf die defekte Stelle. Der Schlauch ist dicht. Das sehen wir, als er ihn noch einmal aufpumpt. Aber er zeigt mir den Rand des Fahrradreifens. Der ist brüchig und porös geworden. Die

Reifen sind nach dem langen Weg recht abgefahren. Das Profil ist kaum mehr zu erkennen. »Das könnte ein Problem werden«, sagt er noch zu mir und montiert dann den Reifen zügig und fachmännisch wieder ans Rad.

Als er fertig ist und der Junge das Rad aus der Werkstatt geschoben hat, frage ich ihn nach dem Preis für seine Arbeit. Er schüttelt den Kopf. »Das kostet nichts«, sagt er bescheiden. »Es ist Ihre Arbeit und Ihre Zeit,« sage ich ihm und drücke ihm 100 RON in die Hand, das sind umgerechnet etwa 20 Euro. Was hätte ich ohne seine kompetente Hilfe getan? Das Geld allein hätte das Rad nicht repariert. Dankbar verabschiede ich mich von ihm und seinem Jungen.

Jetzt muss ich mir Gedanken machen, wo ich neue Reifen bekomme. Zu Hause habe ich ein paar neue Reifen liegen, für alle Fälle. Aber bis die hier ankommen, kann es lange dauern. Das Filmteam, das am 17. Juli eintreffen will, könnte sie mir mitbringen. Aber die Reifen sind schlecht zu transportieren. Vielleicht kann ich hier in einer der nächsten Städte passende Reifen besorgen. Und hoffentlich platzt nicht wieder ein Reifen, bevor ich neue gekauft habe.

5. Juli // Harsova nach Baia // 2538 km

Der zweite platte Reifen, immer noch der hintere, den man so kompliziert abschrauben muss. Nach nicht mal 25 Kilometern: Baam! Es ruckelt und rüttelt, und ich weiß sofort: Jetzt ist er wieder platt. Ich kann es nicht fassen. Haben wir gestern bei der Reparatur vergessen, die Glasscherbe oder was auch immer das Loch verursacht hat, aus dem Reifen zu holen? Es nützt nichts, dass ich die Situation nicht akzeptieren will. Ich bin am Ortsausgang von Saraiu, einem kleinen Ort mit einigen kommunal genutzten Gebäuden, ein paar alten Häusern und einem kleinen Geschäft, in dem ich frage, ob hier jemand den Reifen reparieren könnte. »Nein«, antwortet die Inhaberin, »ich kenne niemanden. Vielleicht könntest du im Zentrum fragen.« Im Laden ist es dunkel und kühl. Aber hier kann ich nicht bleiben. Also wieder raus.

Noch ist es früh am Tag, ich bin gegen acht Uhr aufgebrochen, um die lange Strecke nicht in der vollen Hitze zurücklegen zu müssen. »Wo könnte hier ein Zentrum sein«, frage ich mich. Es gibt eine Brücke, die paar alte Häuser und die herrschaftlich aussehenden kommunalen Gebäude. Ich höre Frauenstimmen in einem der Gebäude und gehe hinein. »Mein Fahrradreifen ist platt, gibt es jemanden, der mir helfen kann, ihn zu wechseln?«, habe ich mit dem Google-Übersetzer auf Rumänisch geschrieben. Eine resolute, vollschlanke, etwa 40 Jahre alte Frau liest den Text und bespricht sich mit den anderen Frauen, die sich im Vorraum des Gebäudes aufhalten. Dann telefoniert sie. Niemand spricht Englisch. Schließlich geht sie mit mir vor das Gebäude in den gepflegten Garten, in dem Rosen wachsen. »Geh hinüber in den Schatten«, verstehe ich. Dort wartet bereits ein junger Mann mit Schraubschlüsseln. Den passenden Schlüssel, um den Reifen abzuschrauben, hat er allerdings nicht dabei. Hilflos stehen wir am Fahrrad. Was nun? Als er aufsteht und weggeht, wird mir leicht übel. Plötzlich kommt eine Gruppe von Männern um die Ecke, vier Rumänen, die sich über mein Rad hermachen. In weniger als 15 Minuten hat einer von ihnen den Schlauch aus dem Reifen geholt, mit meinem Reparatur-Set geflickt, den Schlauch wieder in den Mantel zurückgedrückt und aufgepumpt. So geht es also auch, vorausgesetzt, ich kann den Schlauch nochmal reparieren. Ich habe diesmal genau zugeschaut und denke, dass ich den nächsten Platten vielleicht selbst beheben kann. Natürlich gebe ich ihnen für die Arbeit ein Trinkgeld. Zufrieden ziehen sie von dannen, und ich kann weiterfahren. Die ganze Angelegenheit hat etwa eine Stunde gedauert, und so wird meine Tour doch in den Nachmittag hineingehen.

Es wird heiß und heißer, wieder 35 Grad. Kaum Schatten, eine endlose Straße mit vielen langen Steigungen. Mein Wasser habe ich längst schon leer getrunken. Ich hoffe, dass ich im nächsten Ort etwas zu trinken kaufen kann, aber es kommt kein Ort. Stattdessen führt mich die Navigation mitten in ein riesiges Feld von Windenergieanlagen. Ich fahre auf einem Feldweg, auf einer Anhöhe. Der Wind braust mir immer von vorne entgegen. Der Weg ist uneben, holprig, die Löcher sind mit groben Schottersteinen aufgefüllt. Nicht gerade die beste Art, mit dem E-Bike voranzukommen. Unten im Tal sehe ich einige Häuser, dort könnte ich vielleicht Wasser bekommen. Aber der Weg führt nicht ins Dorf. Er bringt mich direkt zu einer Schafherde, die von einem Rudel Hunden bewacht wird. Etwa ein Dutzend Hunde stürzen bellend auf mich zu. Jetzt muss es sich beweisen, was mir eine Frau in einer Unterkunft geraten hat. »Nicht rennen, nicht schreien. Spreche ruhig mit den Hunden. Notfalls tue so, als ob du einen Stein aufheben und nach ihnen werfen willst«.

Ich habe keine Wahl. Ich muss es versuchen. Ich halte an, steige vom Rad und wende mich den heranlaufenden Hunden zu. Mit Gesten und mit Worten versuche ich, sie zu beruhigen. Einige bleiben stehen, ein paar kommen weiter auf mich zu gerannt. Ich bücke mich und greife mit der Hand symbolisch auf den Boden, hebe die leere Hand und richte sie gegen die heranpreschenden Hunde. Dabei rede ich weiter beruhigend auf sie ein. »Alles gut, Hunde«, rufe ich ihnen entgegen. »Ruhig!« Beinahe alle Hunde bleiben jetzt stehen. Nur ein großer Hund kommt weiter bellend auf mich zu. Als ich auch ihn beruhigt habe, sehe ich oben am Berg eine Person in meine Richtung heruntersteigen. Das muss der Hirte sein. Langsam gehe ich weiter, ich schiebe das Rad und spreche ruhig mit den Hunden, die mir mit einigem Abstand folgen. Plötzlich beginnen die Schafe bergab zu rennen, die Hunde hinterher und die Hirtin, ich sehe jetzt, dass es eine Frau ist, ebenfalls. Alles rennt, ein paar

Hunde rennen mir wieder bellend nach. Die Hirtin kommt zu mir und spricht mich an. Sie redet nur Rumänisch, aber an ihren Gesten kann ich verstehen, was sie sagt. »Sie sind mit dem Rad unterwegs?«, fragt sie. »Sie haben ein Zelt dabei«, und deutet dabei auf meine Packtaschen. Ich bejahe ihre Fragen. Sie ist etwa 40 Jahre alt, einige Zähne fehlen in ihrem Mund. Die Arbeit als Schäferin, die täglich draußen in der Sonne steht, hat ihre Haut braun gebrannt und gegerbt. Ich glaube zu verstehen, dass sie mich in ihr Haus einlädt, und hoffe, dass ich dort frisches Wasser bekomme. Aber offensichtlich fehlt ein Tier aus der Herde, und sie wendet sich suchend zurück in den Berg. »Bun drum!« Gute Reise ruft sie mir nach. Das Dorf liegt etwas oberhalb am Berg, dorthin möchte ich nicht zurück. Also schiebe ich mein Rad auf die Straße und ein Stück den anderen Berg hinauf, bis ich weiterfahren kann, in der Hoffnung, bald in ein anderes Dorf zu gelangen.

Doch das nächste Dorf lässt auf sich warten. Die Hitze dörrt meinen Mund aus. Ich habe Durst. Irgendwann fällt mir ein, dass ich noch einen alten Apfel in einer meiner Taschen habe. Ich stelle mich in den Schatten eines Walnussbaumes und esse sehr langsam den roten Apfel. Nach einer weiteren längeren Strecke erreiche ich das nächste Dorf und kann mich im Laden mit Getränken eindecken.

Weiter in der Hitze, weiter endlose Steigungen. Irgendwann lockt mich die Navigationsapp wieder auf eine kleine Straße, die bald in einen Feldweg mündet. Ich bin müde, erschöpft vom langen Tag. In der Einöde der Steppenlandschaft ist es immer noch heiß, es ist mittlerweile Nachmittag geworden. Die Piste ist staubig, uneben, holprig. Immer wieder rutsche ich zur Mitte in eine Mulde. In einer sandigen Vertiefung rutscht mir das Rad weg, und ich stürze in den Acker. Am Rad ist alles o. k,, aber mein Arm, mit dem ich mich abgefangen habe, ist vom trockenen Ackerboden aufgeschürft. Ich stelle mein Rad wieder auf, hole meine Erste-Hilfe-Tasche heraus und versorge die blutende Wunde. Wichtig vor allem, die Erde muss aus der Wunde. Ich desinfiziere die Stelle und klebe ein Pflaster drauf, das nach kurzer Zeit wieder abfällt. Also lasse ich das Blut von der Sonne trocknen und fahre weiter. Der Akku kann 75 Kilometer bewältigen, das hat er bereits bewiesen. Aber nicht, wenn es ständig auf und ab geht und mir der Wind ins Gesicht bläst, sodass ich kaum vorankomme. Er meldet: noch vier Kilometer, dann ist er leer. Die letzten Kilometer fahre ich zwar wieder auf der Straße, aber ohne Akku. Ja, denke ich, wie auch einige meiner Fans auf Facebook mir mitteilen, es wird Zeit für eine Pause.

6. Juli // Baia nach Sarichioi // 2573 km

Was heißt schon »angekommen«? Wann ist man bei einer Reise angekommen? An einem Ziel? Wenn man wieder zu Hause ist? Nach 2600 Kilometern und 56 Tagen bin ich am Razim Lake in Rumänien angekommen. Früher lag an dieser weiten Bucht das Schwarze Meer, bis Sandanschwemmungen den See vom Meer getrennt haben. Ich bin in der Region Nord-Dobrudscha im Biosphären-reservat Donaudelta. Hier speist der südlichste Donauarm, der Sfantu-Gheorghe-Arm, den See. Daher ist das Wasser in der Bucht Brackwasser. Der See mündet bei Gura Portitei ins Schwarze Meer. Insgesamt mündet die Donau dreifach ins Schwarze Meer. Kurz vor Tulcea teilt sich der Strom in den Arm nach Khilja, der an die ukrainische Grenze fließt, in den Arm nach Sulina und den nach Sfantu Gheorghe. Und hier bin ich heute angekommen.

Ich sitze im ersten Stock meiner Pension auf dem umlaufenden Balkon. Das blau gestrichene, mit Verzierungen durchbrochene Holzgeländer ergänzt die strahlend weißen, säulenartigen Stein-ständer. Geranien, Rosen und Oleander in Töpfen schmücken den Hof. Alles ist gut durchdacht und sieht sehr südländisch aus. Vom See her weht am Abend ein Duft von Schilf, Tang und Meer herüber.

Es ist warm und schwül. Um kurz vor 21 Uhr immer noch 30 Grad. Die Menschen, die hier leben, bereiten jetzt das Abendessen zu. Sie hören Musik, unterhalten sich und warten darauf, dass das Essen fertig ist. In der Mittagshitze möchte keiner essen, alle ziehen sich in ihre kühlen Häuser zurück. Meine Reise ist nicht beendet. Glücklicherweise. Noch bin ich auf meinem Weg. Unterwegs verliert sich manchmal das Ziel, ich reise im Inneren weiter. Vergesse ein wenig, woher ich komme und wohin ich fahre. Bin einfach unterwegs. Ich bin schon so lange auf meinem Weg. Habe beinahe vergessen, wie lange schon. Es ist gefühlt eine Ewigkeit, dass ich an der Quelle der Donau aufgebrochen bin. Jetzt, da ich das Schwarze Meer beinahe schon sehen und riechen kann, halte ich inne. Um mich zu sortieren. Um meine Kratzer von den Stürzen zu pflegen. Meine Wäsche zu waschen. Ich möchte das Rad reparieren lassen. Mal ehrlich, und lacht nicht über meine Gedankenspiele: Wenn du die Zeit aus den Ereignissen herausnimmst, sind Aufbruch und Ankommen fast gleich. Wir sind jung und alt in einem Augenblick. So, wie die Donau zugleich an ihrer Quelle entspringt und an der Mündung ins Meer strömt. Nie dieselbe, aber immer die Donau.

6. Juli bis 8. Juli // Sarichioi // 2573 km

Draußen stürmt und regnet es bei knapp über 22 Grad. Ich sitze auf einem Bett mit rosa Rosenbezug in meiner Pensiunea direkt am Razim-See, der unmittelbar ans Schwarze Meer grenzt. Früher war hier bereits das Meeresufer, bis die Sandbänke weit vorne die Bucht teilweise verschlossen haben und sich dieser See gebildet hat. Einer der drei Donauarme, der Sfantu-Gheorghe-Arm, mündet hier hinein, daher ist das Wasser im See kaum salzig. Das habe ich persönlich probiert, um herauszufinden, ob ich das Meer erreicht habe oder nicht.

Ich bin im Donaudelta. Dieses Biosphärenreservat beherbergt viele verschiedene Vogelarten. Auch Pelikane, die ich gestern bereits von ferne beobachten konnte. Tolle Tiere mit ihrem orangen riesigen Schnabel, die für mich schon in der Schulzeit eine Bedeutung hatten. Der kursive Schriftzug »Pelikan« und das kleine Logo des Pelikans mit geöffneten Flügeln ist mir in guter Erinnerung geblieben, mit einem Pelikan-Füller habe ich Schreiben gelernt.

Einen Achter im Fahrradreifen zu reparieren habe ich allerdings noch nicht gelernt. Dafür aber einige YouTube-Videos angeschaut, wie es gehen könnte. Seit einigen Tagen eiert mein lädiertes Hinterrad deutlich. Zweimal platter Schlauch, die Pannen haben ihre Spuren hinterlassen, denn das meiste Gepäck lastet auf dem Hinterrad. Viele Schlaglöcher, denen ich nicht ausweichen konnte, Steine auf dem Weg, tiefe Risse im Asphalt und Bordsteinkanten, die ich überwinden muss – all das hat dazu geführt, dass mein E-Bike nicht mehr fabrikneu aussieht. »Für die Reparatur benötigt man einen Kabelbinder, eine Kombizange und einen Speichenschlüssel«, heißt es in einem Video auf YouTube. Davon habe ich leider nichts dabei. Aber selbst, wenn ich die verbogene Stelle an der Felge bestimmen könnte, ich habe noch nie Speichen angezogen. »Und da«, spricht der freundliche junge Mann im Video mit weiser Stimme, »kannst du viele Fehler machen.« Heute Vormittag habe ich mir mein Rad vorgenommen, die Kette wieder gereinigt, die Reifen kontrolliert, die Felgen abgetastet, den Klang der Speichen gecheckt, die Schläuche nochmal aufgepumpt.

Klar, nach etwa 3000 Kilometern darf so ein Fahrradmantel auch mal brüchig werden, zumal er vor Beginn meiner Tour bereits etwa 400 Kilometer draufhatte. Schließlich ziehe ich noch ein paar Schrauben fester, die sich durch das ständige Geholpere auf den unbefestigten Wegen gelockert haben könnten, und mache eine kurze Probefahrt. Es scheint, als hätte sich das Geeiere im Hinterrad etwas gebessert, aber vielleicht ist das auch einfach Wunschdenken. Ich weiß, dass es nicht gut ist für das Rad, mit einem Achter weiterzufahren. Aber bis Brăila sind es noch über 100 Kilometer, erst dort wäre die nächste offizielle Fahrradwerkstatt. Die will ich auf jeden Fall ansteuern, die Reifen wechseln, die Acht korrigieren und die Gangschaltung überprüfen lassen, die auch nicht mehr einwandfrei funktioniert. Ein neues kleines Kettenrad könnte nicht schaden, aber ob ich überhaupt passende Ersatzteile in der Werkstatt bekomme, ist fraglich. Obwohl ich es bei einem Discounter gekauft habe, ist mein E-Bike recht speziell und braucht besondere Ersatzteile.

Zunächst aber werde ich weiter im Donaudelta unterwegs sein. Für den nächsten Tag habe ich eine Unterkunft in der Region gebucht. Bei genauerem Hinsehen bemerke ich, dass überhaupt keine Straße dorthin führt. Die Pension liegt mitten im Delta, im Flussgebiet des südlichsten Donauarms. Nur mit kleinen Booten kann man sie erreichen. »Ruf mich an, bevor du auf dem Parkplatz am Kanal ankommst«, erklärt Peter, der Pensionsinhaber, am Telefon den Ablauf. »Dann sage ich meinen Leuten Bescheid, dass sie dich abholen.« Das wird spannend.

Weil es draußen immer noch stürmt und regnet, habe ich ein wenig Zeit, auf meinem Rosenbett über diese Reise nachzudenken. »Wenn man etwas wirklich möchte, erreicht man es auch. Einfach nicht aufgeben«, schreibe ich auf Facebook in meinem Account »Margot-reist«. Dort gibt es überwiegend positives Feedback, aber natürlich auch kritische Stimmen. Ein Follower schreibt auf diesen Post sinngemäß: »Dem kann ich nicht zustimmen. Alles kann man nicht erreichen. Wenn jemand scheitert, würde das bedeuten, dass er oder sie versagt hat und selbst schuld ist.« Ich denke darüber nach, warum jemand so reagiert. Klar, alles kann man nicht erreichen. Als ich neun Jahre alt war, wollte ich fliegen. Ich habe Gott erklärt: »Wenn es dich gibt, dann beweise mir das und gebe mir die Möglichkeit, wie ein Vogel zu fliegen.« Immer wieder stand ich auf dem Balkon und hob meine Arme, allerdings nur so ein bisschen. So leicht wollte ich es Gott nicht machen und etwa schon richtig rumflattern. Ich wollte sichergehen, dass das mit dem Fliegen auch klappt, und habe mich vorsichtshalber in eine sichere Position hinter das Balkongeländer gestellt und nicht davor. Nun, was soll ich sagen, es ist nichts passiert. Ich bin nicht vom Balkon runtergefallen, weil ich klug genug war, es nicht drauf ankommen zu lassen ohne eindeutige Rückmeldung.

Die aber kam in einer ganz anderen Form als erwartet. Mir wurde klar, dass ich an Gott keine Forderungen stellen kann. In meinen Träumen hat das mit dem Fliegen dann manchmal geklappt, es war aber recht anstrengend, überhaupt vom Boden hochzukommen. Später bin ich dann mit Segelflugzeugen mitgeflogen, bis mir einmal durch ein enges aufsteigendes Drehmanöver eines Piloten, er hat wohl den guten Aufwind nutzen wollen, dermaßen übel wurde, dass ich seitdem Abstand von dieser Art des Fliegens genommen habe. Nein, man kann nicht alles erreichen. Ein bisschen realistisch müssen die Wünsche schon sein. Zum Glück bin ich gerne aktiv. Würde ich auf dem Sofa sitzen bleiben und mir wünschen, mit dem Rad bis zum Schwarzen Meer fahren zu wollen, hätte ich eher weniger Erfolg. Wenn ich ehrlich bin zu mir selbst, Verantwortung für meine Wünsche übernehme und alles tue, was mir möglich ist, kann ich mein Ziel erreichen.

Was ich aber auch immer im Gepäck dabeihabe, ist ein Plan B oder gar C, falls es nicht möglich sein sollte, ein Ziel direkt zu erreichen. Für diese Tour habe ich darüber nachgedacht, was ich machen würde, wenn mein Rad zum Beispiel gestohlen würde. Ich habe zu Hause ein aufblasbares, sehr stabiles Kanu, das ich holen könnte. Damit würde ich dann meine Reise auf der Donau fortsetzen können. Ich kralle mich nicht allzu fest an eine bestimmte Vorstellung, wie ich eine Reise letztendlich realisieren kann. Mir geht es auch nicht so sehr um ein bestimmtes Ziel, eher schon um das reine Unterwegssein. Lee Asher, von »The Asher House«, einer Zufluchtsstätte für verlassene Hunde, sagt dazu: »Sometimes it's important to go somewhere different and to be away« – manchmal sei es einfach wichtig, irgendwo anders hinzugehen. Hilfreich ist dabei für mich, ein Ziel ins Auge zu fassen. Wäre ich aber nur bis Wien gekommen, hätte ich auch ein paar Wochen dortbleiben können und Wiener Schnitzel und zum Nachtisch Marillenknödel mit Schlagobers essen können. Auch nicht schlecht!

9. Juli // Sarichioi nach Murighiol // 2608 km

Ganz einfach ist es nicht, das Paradies zu finden. Ich habe mich für die nächsten drei Tage in einem Resort namens »Delta Paradies« mitten im Mündungsgebiet der Donau am Razim-See eingebucht. Die Fahrt dorthin läuft nur mittelgut; starker Seitenwind bläst mich dermaßen an, dass ich schräg fahren muss. Hören die Windböen für einen Augenblick kurz auf, gerate ich mitten auf die Fahrbahn oder auf den unbefestigten Randstreifen. Glücklicherweise ist der Verkehr am Sonntag auf der Landstraße nicht allzu stark. Trotzdem muss ich extrem aufpassen, dass ich nicht mit einem Fahrzeug kollidiere. Irgendwann erreiche ich den telefonisch vereinbarten Ort und die unbefestigte Piste zum Parkplatz am Wasserweg. Hier werde ich abgeholt von zwei Frauen in einem blauen Volkswagen. Wir fahren zusammen über den holprigen, steinigen und sandigen Weg. Der Hinterreifen meines Fahrrads ist inzwischen mit der Acht und zu wenig Luft nicht mehr gut zu gebrauchen. Obwohl ich vor der Fahrt Luft eingepumpt habe, entweicht sie langsam wieder. Nicht wirklich gut für die verbogene Felge. Wir erreichen den kleinen Hafen, laden das Rad, mein Gepäck und Verpflegung in ein kleines Boot – und los geht's durch die Kanäle und die wilde Natur der Flussmündung. Die beiden Frauen kommen mit, das Boot wird von einem Mann gelenkt. Er gibt mir eine viel zu große orange Rettungsweste, in der ich beinahe komplett versinke und Mühe habe, noch etwas zu sehen.

Schon auf meiner Fahrt mit dem Lada Niva im Sommer 2022 habe ich das Delta besucht und konnte eine Bootstour unternehmen. Ich war so begeistert von dieser einmaligen Landschaft, dass ich mich während der gesamten Fahrradtour auf diese Gegend gefreut habe. Das 5000 Quadratkilometer große, weltweit einmalige Ökosystem ist Europas größtes Feuchtgebiet. Es gilt als das umfassendste zusammenhängende Schilfrohrgebiet der Erde und ist der Lebensraum von mehr als 4000 Tier- und mehr als 1000 Pflanzenarten. Urtümliche Wälder aus Eichen, Weiden und Pappeln säumen die Ufer.

1991 erklärte die UNESCO das Delta zu einem Teil des Weltnaturerbes, seitdem ist es Biosphärenreservat. Am 5. Juni 2000 verpflichteten sich die Regierungen Rumäniens, Bulgariens, der Republik Moldau und der Ukraine zum Schutz und zur Renaturierung der Feuchtgebiete entlang der etwa 1000 Kilometer langen unteren Donau. Dieser Grüne Korridor wurde damit zum größten grenzüberschreitenden Schutzgebiet Europas. Ich habe das bei Wikipedia gelesen. Jetzt aber, da ich wirklich hier sein darf, bin ich sprachlos. Die Grenze zur Ukraine ist kaum 50 Kilometer Luftlinie entfernt. Die Berichte von russischen Angriffen auf Häfen und Getreidesilos am ukrainischen Donauufer ängstigen mich. So nahe an einem kriegerischen Geschehen wie jetzt war ich noch nie in meinem Leben. Dort ist die Hölle. Und hier ein Paradies.

Im Hotel »Delta Paradies« ist es sehr ruhig, es gibt keine anderen Gäste, nur viele unterschiedliche Pflanzen, Hunde, Katzen, zahlreiche Vögel und Fische in den Gewässern rund um die Hotelanlage.

Jede Menge Angestellte versorgen das fast leere Resort mit einer gemächlichen Ruhe. Wundervolle exotische Bäume und Büsche wurden hier gepflanzt, verschiedene Vögel singen ihre Melodien, verborgen in den Blättern. Zwei große Hunde wachen über das Resort und mindestens ein Dutzend Katzen, die sich offensichtlich auf der Insel ungestört vermehren. Eigentlich bin ich nicht sehr erschöpft von der Tour. Aber jetzt genieße ich es, einfach in Ruhe zu sitzen und zu schauen – und dafür habe ich hier einen wundervollen Ort gefunden. Ein Paradies, das auch noch offiziell so heißt.

10. Juli // Murighiol // 2608 km

Das Rad lasse ich stehen, denn es gibt auf der Insel keine Straße und auch keinen Weg, den ich befahren könnte. Wasserkanäle bilden die Verbindung zum Festland. Am Abend bieten mir die Betreiber des Resorts an, eine Bootstour durch das Delta zu machen. Ich nehme das sehr gerne an, zumal der Preis nicht allzu hoch ist. Umgerechnet 24 Euro zahle ich für diese private Tour. Der Bootsführer bringt mich zu den schwarzen Kormoranen, diese Wasservögel werden auch »Wasserraben« genannt. Sie sitzen in großen Kolonien gerne ganz oben auf abgestorbenen hohen Bäumen. Die Fahrt durchs Delta bringt uns zu eleganten Schwänen, zu schönen Pelikanen und zu Lagunen voller gelb und weiß blühender Seerosen. Langsam geht die Sonne im Delta unter und färbt das Wasser golden. Es ist ein Paradies, das wir nicht durch Vermüllung und Übernutzung zerstören dürfen, sondern erhalten müssen.

Vor dem Frühstück, früh am Morgen, schwimme ich ein paar Runden im großen Pool. Da ich aktuell der einzige Gast bin, habe ich das Wasserbecken für mich alleine. Ein Luxus, den ich gerne genieße. Das Frühstück nehme ich zusammen mit einer Horde von Katzen ein, die sich genau dann einfindet, als ich mich draußen an den Tisch setze. Obwohl noch nichts Essbares auf meinem Tisch steht, umringen sie mich erwartungsvoll. Zum Frühstück bekomme ich Weißbrot, Salami, Käse, Spiegeleier, Tee und Kaffee serviert. Das Weißbrot und die Salamischeiben teile ich gerecht unter den Katzen auf. Nach wie vor habe ich wenig Hunger. Und obwohl ich höchstens zwei Mahlzeiten am Tag einnehme, bin ich nicht dürr geworden. Mein »Reisekörper« hat sich daran gewöhnt, so wenig als möglich zu verbrauchen und trotzdem all die Energie zur Verfügung zu stellen, die ich für meine Unternehmungen benötige.

11. Juli // Murighiol // 2608 km

Bereits gestern Abend sind mit dem Boot neue Gäste angekommen, eine rumänische Familie, die in Island lebt, ein etwa 40-jähriger, ziemlich großer, breitschultriger Mann, eine blondierte Frau, etwa ähnlich alt, ein circa 17 Jahre alter Sohn und eine vielleicht 13-jährige Tochter. Mit ihnen zusammen möchte ich gleich morgens mit dem Boot Richtung Sfantu Gheorghe tuckern, um endlich das Schwarze Meer zu sehen, zu baden und ein paar schöne Filmaufnahmen zu machen. Da wir zu fünft fahren, teilen sich die Kosten auf, aber immerhin zahle ich für die Tagestour umgerechnet 60 Euro. Alle ziehen die orangen, viel zu großen Schwimmwesten an und nehmen ihre Plätze im Boot ein.

Jetzt, da ich endlich bis zum Meer durchkomme, bin ich richtig aufgeregt. Nicht, dass dieses Meer für mich ganz besonders wäre oder ich es noch nie gesehen hätte. Bei meiner Rückreise mit der kleinen Honda vom Pamir-Gebirge bin ich tagelang am Schwarzen Meer entlanggefahren. Aber nach den vielen Kilometern an der Donau bis zur Mündung ist dieser Augenblick natürlich so etwas wie die Krönung meiner Reise.

Auf der Hinfahrt sehen wir wieder all die Vögel, die dieses Feuchtgebiet zu etwas ganz Besonderem machen: Kormorane, Pelikane, Störche, Schwäne mit ihren grauen Jungtieren und viele mehr. Wir durchfahren einen Teil des Deltas, kommen durch schmale Kanäle und breite Seen, erreichen schließlich nach etwa zweieinhalb Stunden den Sfantu-Gheorghe-Arm, einer der drei Mündungsarme der Donau ins Meer. Zum Badestrand müssen wir noch etwa zehn Minuten zu Fuß gehen, dann sind wir endlich da. Es ist nicht allzu viel los an diesem Tag, einige Gruppen von Badenden, vielleicht 100 Menschen, die im Wasser spielen, schwimmen oder unter den blauen Sonnenschirmen im Sand liegen. Es gibt kurz vor dem Strand ein paar Sommergaststätten, in denen man frisch gebackenen Fisch bekommt und kühle Getränke.

An Essen denke ich jetzt überhaupt nicht. Mich zieht es ins Wasser. Jetzt bin ich am Schwarzen Meer angekommen! Das Wasser ist warm, leichte Wellen streifen den Sandstrand. Ich kann weit hinausschwimmen, die Strömung ist nicht allzu stark. Ich behalte den Punkt im Blick, an dem meine Sachen liegen, um nicht zu weit abzutreiben. Herrlich ist es, hier zu schwimmen. Auch wenn ich weiß, dass dieses Meer durch Verschmutzung eines der am meisten gefährdeten Weltmeere ist. Da sind nicht nur die vier Tonnen Plastikmüll, die die Donau jeden Tag ins Meer schwemmt. Abwässer aus Haushalten, Chemikalien aus Fabriken, Umweltgifte, die von den Monokulturen der Landwirtschaft herausgeschwemmt werden, Unrat, den unachtsame Menschen im Fluss entsorgen, alles landet hier im Meer. Dazu kommen Öle und Chemikalien, die durch die Kriegsereignisse in der Ukraine ebenfalls ins Wasser gelangen. Am Strand sehe ich keinen Müll. In Rumänien hat man jetzt damit begonnen, leere Plastikflaschen gesondert zu sammeln und zu entsorgen. Das reicht aber bei Weitem nicht aus, um die Verschmutzung zu stoppen. Alle Anrainerstaaten der Donau, und dazu gehört auch Deutschland, müssen gemeinsam dafür sorgen, dass die Verschmutzung der Umwelt reduziert und baldmöglichst komplett gestoppt wird.

Am Nachmittag geht unsere kleine Ausflugsgruppe in ein Restaurant in Sfantu Gheorghe, wir essen zusammen und genießen die Atmosphäre im Delta. Ich bestelle beim jungen Kellner einen griechischen Salat und Pommes frites. Zeige ihm auf der Karte, die er mir gegeben hat, was ich möchte. Der junge Mann schaut fragend zum rumänischen Familienvater, der mit uns am Tisch sitzt. Dieser sagt ihm auf Rumänisch nochmal das Gleiche. Dann erst scheint der Kellner die Bestellung zu akzeptieren. Beim Bestellen des Getränks läuft das Spiel wieder ab. Ich bestelle eine Flasche Wasser, der Kellner schaut den Familienvater an, der bestellt die Flasche Wasser für mich. Auch für seine Frau und die beiden Kinder gibt er die Bestellung auf. Kein anderes Familienmitglied außer dem Vater spricht mit dem Kellner direkt. Ich fühle mich als Nicht-Familienmitglied etwas diskriminiert und eingeschränkt, komme aber mit einer direkten Ansprache beim Kellner nicht mehr durch. Auch den Espresso nach dem Essen, den ich erbitte, bestellt das Familienoberhaupt noch mal mit derselben Selbstverständlichkeit für mich. Schließlich bekommt er als Oberhaupt die Rechnung, und die bezahlt er auch noch für mich mit.

Erstaunlich, ich hatte bisher nicht bemerkt, dass Frauen in Rumänien keine Stimme in der Öffentlichkeit haben. Sie kommen mir eigentlich recht selbstbewusst und eigenständig vor und sehen nicht so aus, als würden sie sich von den Männern allzu viel sagen lassen. Für heute lasse ich weitere emanzipatorische Bemühungen erst mal sein. Ich bin rechtschaffen müde vom Schwimmen und freue mich auf die Rückfahrt durch die Kanäle und Seen des Deltas. Als wir im Resort ankommen, ist es beinahe dunkel geworden. Meine Reise ist hier noch nicht zu Ende, aber an einem besonderen Höhepunkt angekommen. Etwa 2600 Kilometer liegen zwischen dem Aufbruch an der Quelle der Donau bis zur Mündung, die ich auf dem Rad zurückgelegt habe. Nicht mitgerechnet sind Fahrten mit dem Auto oder mit dem Zug. Meine bisherigen Reisen haben mich viel weiter weg von zu Hause geführt. Gefühlt aber bin ich weit, weit weg, bin vor langer Zeit aufgebrochen, um dem Fluss zu folgen.

12. Juli // Murighiol nach Niculitel // 2664 km

Keine 15 Kilometer auf dem Weg, nachdem mich der Bootsführer am Morgen wieder am Steg abgesetzt hat, ist mein Hinterreifen zum dritten Mal platt. Ich will es nicht glauben! Aber er rumpelt und holpert, dann ist die Luft aus dem Schlauch. Wenn ich die Felge nicht weiter verbiegen möchte, muss ich absteigen und den Schlauch reparieren. Ich bin am Ortseingang von Sarinasuf. Ein paar Häuser, Höfe, keine Tankstelle in Sicht, keine Werkstatt. Ich sehe von Weitem Menschen an einem der Häuser und schiebe mein Rad bis vor den Eingang eines Bauernhofs. Eine etwa 40-jährige Frau ist dabei, das eiserne Gartentor mit schwarzer Farbe zu streichen. Ihr zeige ich den Text, den ich auf dem Google Übersetzer vorbereitet habe:»Mein Hinterreifen ist platt. Können Sie mir dabei helfen, den Schlauch zu reparieren?« Mit professionellem Blick betrachtet sie den platten Reifen. Dann ruft sie ihren ältesten Sohn, einen etwa 13-jährigen schmalen Jungen, der mit einer Warnweste durch das Grundstück spaziert. Ihn hatte ich mit der Weste von Weitem gesehen. Nicht lange, da haben wir den kaputten Schlauch aus dem Mantel geholt, der Junge bringt sein Flickzeug, und die Kompressionspumpe.

Die zwei jüngeren Brüder und die Mutter des Jungen kommen dazu und helfen mit. Die Reparatur ist ein Gemeinschaftswerk: Wir schleifen die Stelle um das Loch herum an, kleben einen Flicken auf den Schlauch, beschweren ihn mit ein paar Steinen, damit alles trocknen kann. Dann bauen wir Schlauch und Reifen wieder zusammen. Der Warnwestenträger pumpt das Rad auf, zeigt mir dabei aber die Stelle, an der der Mantel porös und gebrochen ist:»Gib acht, das ist nicht mehr gut.« Die Mutter der drei netten Jungen reicht mir Seife und Handtuch, zeigt mir, wo ich mir die Hände waschen kann. Ich stehe mitten im Hof, umgeben von Tieren und Ställen. Stolz führt mich die Frau zu einem Schwein in einem offenen Stall, zehn junge Ferkel darf das Tier sein Eigen nennen, ein kleines Lamm kommt angesprungen, Hunde laufen schwanzwedelnd um uns herum, Hühner gackern um die Wette. Die Frau hat inzwischen ihren Mann angerufen, der in Köln arbeitet und mich in gebrochenem Deutsch auf seinem Hof in Rumänien begrüßt. Als ich der Frau Geld geben will für diese große Hilfe und Gastfreundschaft, weist sie es zurück. Ich verabschiede mich von dieser überaus netten Familie und setze meine Reise fort.

Keine 20 Kilometer später das gleiche Spiel. Der Reifen eiert, rumpelt und holpert. Die Luft ist draußen. Ich pumpe den Reifen nochmal auf, fahre zwei Meter, dann ist er wieder platt. Jetzt weiß ich, dass der Reifenwechsel endgültig fällig ist. Ich stehe aber leider mitten in der Pampa, 15 Kilometer vom nächsten Ort entfernt. Tulcea liegt für mich unerreichbar weit weg. Ich entscheide mich, den Versuch zu wagen, jemanden anzuhalten, in der Hoffnung, dass er mich zu einer Werkstatt fährt. Ich winke, ein großer Tanklastwagen fährt zügig vorbei. Klar, der hat keinen Platz für mich und das Rad. Weiterwinken. Ein Transporter bremst kurz, fährt dann aber ohne anzuhalten weiter. Hinter dem Transporter kommt ein Pkw, nicht besonders groß. Der Fahrer hält an, nimmt, nachdem er sich den Reifen angeschaut hat, kurzerhand mein Rad, klemmt es in den Kofferraum seines Autos, schiebt mein Gepäck hinterher, und schon fahren wir los. Keine fünf Minuten stand ich an dieser endlos langen Straße, auf der die Fahrzeuge sehr schnell dahinbrausen. Ich bin dem etwa 50-jähren Mann, der angehalten hat, um mir zu helfen, sehr dankbar. Wir kommunizieren über den

Google Translater. Er fährt mich zu einer Werkstatt, die Autoreifen repariert. Der Inhaber schüttelt den Kopf, das ist nicht die richtige Adresse. Der Mann bringt mich zur nächsten Vulkanisierwerkstatt. Dort erklärt er dem Mechaniker, dass der ein Taxi rufen solle, damit ich einen neuen Mantel für den Reifen besorgen kann. Dann verabschiedet er sich: »Ich habe es eilig und muss los. Viel Glück und gute Reise.«

»Du musst Hilfe brauchen, damit du welche bekommst«, habe ich auf Facebook geschrieben. Das Taxi kommt, der Fahrer spricht sehr gut Englisch. Wir fahren zu einem Baumarkt. »Soll ich mit reinkommen und helfen?«, fragt er mich. »Sehr gerne«, antworte ich ihm sofort, und das ist gut so. Denn die Verkäuferin spricht kein Englisch und versteht nicht genau, was ich brauche. Aber mithilfe des Taxifahrers finden wir schnell einen passenden Mantel. Sechs Euro kostet der Trekkingreifen hier, die Taxifahrt etwa zehn Euro und die Reparatur nochmal vier Euro. Für 20 Euro habe ich einen neuen guten Reifen, mit dem ich weiterfahren kann. Das Aufziehen in der Werkstatt geht schnell, aber irgendwie funktioniert der Kettenlauf noch nicht richtig. Inzwischen sind fünf Handwerker um mein Rad versammelt, die versuchen, es wieder zum Laufen zu bringen. Als es schließlich gelingt, bin nicht nur ich froh. Die Männer lachen und freuen sich für mich, dass ihre Arbeit Erfolg hatte und ich meine Reise fortsetzen kann.

13. Juli // Niculitel nach Brăila // 2729 km

Einige Straßen bin ich schon gefahren, die anspruchsvoll, schwierig und anstrengend waren auf dieser Reise. Heute aber von Niculitel nach Brăila zu kommen war heftig. Ich bin wirklich dankbar, dass ich noch am Leben bin.

Die Straße ist überwiegend gut ausgebaut, das bedeutet, dass es dort starken Verkehr gibt. Autos, Lastwagen, Pferdekutschen und

Mopeds sind hier in unterschiedlichen Geschwindigkeiten unterwegs, alleine das ist für viele Autofahrer eine Herausforderung. Dann komme ich mit dem Fahrrad. Ich bin schneller als eine mit einem PS betriebene Kutsche. Aber bei mir versuchen die Autos, trotz Gegenverkehr, Kurve und Steigung, zu überholen. Ich fahre bereits stark am Rande der unbefestigten Straße. Genau dort, wo die Glasscherben liegen, wo Schlaglöcher sich auftun, Risse oder Spurrillen sich hinziehen. Der Asphalt ist teilweise recht neu. Das führt dazu, dass bei großer Hitze dort Vertiefungen entstehen, wo der Asphalt sich verschoben hat. Natürlich befinden sich diese Verformungen am Rande der Fahrbahn. Die Strecke heute hat aber noch etwas ganz Besonderes aufzubieten. Es ist lange her, dass es überhaupt hoch oder runter ging in den letzten Wochen. Meist zog sich die Straße endlos eben dahin. Heute sind Steigungen von bis zu zehn Prozent dabei. Und zwar nicht mal ganz kurze, sondern lange, ansteigende und kurvige Steigungen. Am Ende einer dieser Steigungen in einer Kurve empfängt mich eine Hundemeute. Sie rasen wie verrückt hinter mir her, laufen auf der Fahrbahn neben dem Rad und bellen sich die Kehle aus dem Hals.

Für solche Situationen hatte ich mir vorgenommen: anhalten, mit den Hunden sprechen, notfalls so tun, als ob ich einen Stein vom Boden aufheben und nach ihnen werfen will. Ich bin aber noch auf den letzten Steigungsmetern, mit der höchsten Unterstützungsstufe, der fünften, ich bin am Treten und Schwitzen, als die Hunde ankommen. Ich weiche ihnen aus, als hinter mir ein Auto heranrast und hupt. Das Auto, die Hunde und ich mit dem Rad mitten auf der Fahrbahn! Da hätte leicht ein Unglück geschehen können. Endlich bleibt auch der letzte Hund zurück. Aber sein Blick, während er laut bellend neben mir herlief, dieser Blick auf meine nackten Beine, der hat mir nicht gefallen.

Nach endlosen Stunden auf der heißen, schattenlosen Straße

erreiche ich die Donau, wo mein Navi mich zur Fähre dirigiert. Nur, dass dort keine Fähre mehr übersetzt. Seit einer Woche gibt es die neue Brücke bei Brăila. Gerade wurde sie eingeweiht als die zweitlängste Hängebrücke Kontinentaleuropas. Sie ist mit 1975 Metern die längste Brücke Rumäniens. Die vierspurige Fahrbahn soll sogar einen Fahrradstreifen haben. Ich habe unterwegs von der neuen Brücke gehört, wollte aber über die verkehrsärmere und kürzere Straße in die Stadt hineinfahren. Ich frage ein paar Männer, die am Kiosk sitzen:»Wann geht die Fähre rüber nach Brăila?« Die Männer lachen und schauen mich neugierig an. Dann ruft einer von ihnen einem Mann etwas zu, der unten im Wasser in einem Boot versucht, den Motor zu starten.»Willst du rüber nach Brăila?«, fragt mich daraufhin der Rumäne im Boot.»Ja«, antworte ich ihm,»kannst du mich mit rübernehmen?«»Bringe dein Rad hinüber zur Anlegestelle und warte dort auf mich«, ruft er mir noch zu. Der Motor seines Bootes will aber nicht starten. Ich schiebe mein Rad runter zur Fähre und harre der Dinge. Schließlich springt der Motor an, und er tuckert langsam zu mir an den Fähranleger, nimmt mein Rad und stellt es in seine kleine Barke. Das Gepäck bugsiert er oben auf das offene, schmale Deck und hilft mir ins Boot. Dort sitzt bereits eine Frau, die ebenfalls übersetzen möchte. Fröhlich bringt er seine Fracht ans gegenüberliegende Ufer.»Wir haben eine neue Brücke!«, erklärt er stolz den Grund, warum keine Fähren mehr fahren.»Vor wenigen Tagen war am Ufer noch eine lange Schlange von Autos, die übersetzen wollten. Jetzt kommt hier niemand mehr her, sie fahren alle über die Brücke.« Mir war klar, dass ich ein Risiko eingehen würde beim Versuch, mit der Fähre überzusetzen. Aber ich hatte keine große Lust, über die vierspurige Autobahn in die Stadt reinzufahren. Und manchmal mache ich solche Dinge. Ich versuche einfach etwas und hoffe, dass es klappt. Beim Abschied fragt mich der Bootsmann:»Wie alt bist du?« Als ich es ihm sage, lacht er.

»Ich bin grade mal 52 Jahre alt. Wenn ich so alt bin wie du, liege ich bereits unter der Erde«, erklärt er fröhlich und wünscht mir eine gute Weiterreise.

14. Juli // Brăila // 2732 km

Der Vermieter meines Appartements in Brăila nahe der Catedrala Nasterea Domnului, der mich am Vortag eingelassen hat, lässt auf sich warten, er komme mit dem Rad, schreibt er mir auf Whats App. »Du bist ein VIP«, erklärt er mir stolz, als er um die Ecke biegt. »Auf YouTube habe ich gesehen, wer du bist.« Dann macht er ein Selfie und zeigt mir das Zimmer im sechsten Stockwerk des großen Hauses. Die nächsten Tage bewohne ich dieses Appartement. Ein kleiner Flur führt zur schmalen Küche, zum Wohn- und Schlafraum mit drei Betten und zum Bad. Die drei Betten waren auch der Grund, warum ich dieses Appartement gewählt habe. Am Sonntagabend kommt mein Filmteam hier an, um einige Tage mit mir zu drehen. Wir werden gemeinsam noch einmal ins Donaudelta fahren und dort die Einzigartigkeit dieser Flusslandschaft filmen. Anschließend reisen wir zusammen auf dem Donaukreuzfahrtschiff von Brăila bis Wien zurück. Ein besonderer Gag, der diese Reise mit dem E-Bike auf gemütliche Weise abschließen soll.

Der Vermieter, Ende 40, kurze dunkle Haare, braun gebrannt und muskulös mit hübschen Tattoos auf dem Oberarm, weist mich in die technischen Dinge seines Appartements ein. Er zeigt mir die Küchengeräte, den WLAN-Router, die Klimaanlage, erklärt mir, wie ich unten zur Haustüre hereinkomme, und überlässt mir dann die Wohnung. »Wenn du irgendetwas brauchst, melde dich bei mir«, sagt er noch und ist verschwunden.

Endlich allein. Endlich Ruhe. Die Tour gestern war wirklich anstrengend. Es war zu heiß, zu gefährlich auf der Straße, zu staubig, all die Abgase der Autos und vor allem der Lastwagen machen mir zu schaffen. Dazu kommt, dass ich in den letzten Wochen zu wenig gegessen habe; ich hatte keinen Appetit, vielleicht habe ich sogar zu wenig getrunken. Unterwegs gibt es Kioske und kleine Bars, in denen man kühle Getränke kaufen kann. Die werden aber nach kurzer Zeit warm, schmecken in den Plastikflaschen nicht mehr, und immer wieder von Neuem anhalten und mir etwas zu trinken kaufen möchte ich nicht. Also weiterfahren. Schwitzen. Das werde ich jetzt wieder gutmachen. Ich besorge mir im nahen Supermarkt frisches Obst und Gemüse, Apfelsaft und Wasser, Müsli, Vollkornnudeln und Lachs. Damit kann ich die verbrauchten Reserven wieder auffüllen. Zu Hause koche ich immer selbst. Verwende die bestmöglichen Zutaten. So schmeckt mir das Essen jetzt auch wieder. Ich fühle mich zwar noch recht müde, spüre aber, wie die Kräfte langsam zurückkehren.

Die Tage bis zur Ankunft des Filmteams nutze ich, um meine Kleidung in der Waschmaschine zu waschen und andere Alltagsdinge zu erledigen. Ich sortiere mein Gepäck, entsorge Verbrauchtes, besorge Zahnpasta, Deo und Taschentücher. Die gute Internetverbindung im Appartement nutze ich, um den Text für dieses Buch auf meinem Notebook zu bearbeiten. An meinem grünen Kleid fehlt ein Knopf. Ich kaufe mir Knöpfe und nähe den passenden wieder an. Knöpfe, Nähgarn, Nadeln und weitere Dekoartikel im Laden sind deutsch beschriftet. Offensichtlich bekommt Rumänien diese Artikel aus deutscher Produktion. Neben einer ausgiebigen Körperpflege ist vor allem Ausruhen angesagt. Die Stadt Braila besichtige ich erst, wenn das Filmteam hier ist. Dann wollen wir mit einigen Umweltaktivisten eine Müllaktion an der Donau unternehmen. Schließlich möchte ich vor der Weiterreise mein Fahrrad in eine Werkstatt bringen, um die Acht und die Gangschaltung reparieren zu lassen.

Ich bin hinüberspaziert zur Kathedrale und will sie besichtigen. Die Kirche mit den Kupferkuppeln liegt keine Minute von meinem Wohnblock entfernt. Als ich am Haupttor ankomme, hat sich dort gerade eine Hochzeitsgesellschaft versammelt. Offensichtlich sind die Gäste und das Brautpaar zu früh eingetroffen, denn die Dekoration für die Zeremonie wird grade erst aufgebaut. Blumenständer mit rosa Plastikblüten, ein roter Teppich, der über die Treppenstufen des Eingangs gelegt wird, Luftballons in rosa und weiß, die die Gesellschaft sicher nach der Feier gemeinsam wird steigen lassen, werden vor dem Eingang bereitgestellt. Eine junge Frau, vielleicht 18 Jahre alt, kommt zu mir herüber in den Schatten und setzt sich neben mich auf die Bank, wo ich geduldig darauf warte, dass ich die Kirche besuchen kann. Sie trägt ein dunkelgrünes, langes Chiffonkleid, das ihre braunen Schultern freilässt. Am rechten Handgelenk weist sie ein schmales, mit Plastikblüten geschmücktes Band als Brautjungfer aus. immer wieder streicht sie über ihr schwarzes langes Haar und schaut hinüber zur Kathedrale, um zu sehen, ob die Feier beginnt. Die anderen Gäste haben sich im Schatten der hohen Bäume am Rande des großen Platzes vor der Kathedrale versammelt. Die junge Frau im grünen Kleid checkt ihre Nachrichten auf dem Handy, während sie wartet. Irgendwann ist es dann so weit, die Hochzeitsgesellschaft stellt sich in Reih und Glied auf, um langsam und bedächtig die Treppenstufen mit dem roten Teppich hinaufzusteigen. Langsam auch deswegen, weil die meisten Frauen sehr hochhackige Schuhe tragen.

Eine gute Stunde lang dauert die Feier in der Kirche, dann kommt die Gesellschaft wieder heraus, lässt die Luftballons steigen und verlässt dann zügig den sonnenüberfluteten Vorplatz der Kathedrale. Während noch die letzten Gruppenfotos gemacht werden, dekorieren Helfer den Eingangsbereich bereits für die nächste

Feier um. Die kurze Pause zwischen den Hochzeiten nutze ich, um das Innere der Kathedrale zu besichtigen. Kühl ist es in dem hohen, mit unzähligen bunten Gemälden im Stil der orthodoxen Ikonografie geschmückten Vorraum. Riesige Kronleuchter hängen von der hohen Kuppel herab und beleuchten den Eingangsbereich feierlich. Die Bilder stellen christliche Szenen und Wunder Christi dar. Weiter im Inneren befinden sich rechts und links vom Mittelgang hölzerne, schmale Bänke. Die Gäste sitzen allerdings nicht auf diesen Bänken, sie stehen vor dem Hauptaltar, der mit einer hohen, goldverzierten Ikonenwand von den Feiernden getrennt ist. Diese Wand ist allein dem Priester vorbehalten. Hinter der Ikonenwand befindet sich das Allerheiligste, dort ist Jesus Christus allgegenwärtig. 78 Prozent der rumänischen Bevölkerung bekennen sich zum christlich-orthodoxen Glauben.

16. Juli // Brăila // 2732 km

Auch heute ist der große Supermarkt ganz in der Nähe meines Wohnblocks geöffnet. Unterwegs habe ich immer wieder gesehen, dass Märkte und Läden auch sonntags offen haben und man jeden Tag dort einkaufen kann. Also besorge ich mir noch fehlende Lebensmittel, Joghurt, Apfelsaft und Wasser für das Filmteam, das heute Abend spät hier ankommen wird. Die Waschmaschine im Appartement nutze ich, um die restlichen Kleidungsstücke zu waschen, die ich auf der Reise meist nur von Hand und im Waschbecken reinigen konnte. Für mich ist der größte Teil dieser Reise hier in Brăila nach etwa 2800 Kilometern abgeschlossen. Wenn wir morgen und in den nächsten Tagen noch zu verschiedenen Orten fahren, um für den Dokumentarfilm zu drehen, ahne ich bereits, was mich dort erwarten wird. Trotzdem bin ich gespannt darauf, noch einmal im Donaudelta unterwegs zu sein. Ich freue mich sehr auf die Bootstouren, auf die Stille der Kanäle und Seen im Delta. Aber vor allem bin ich ziemlich aufgeregt, wenn ich an die Rückreise mit dem Donaukreuzfahrtschiff von Brăila bis Wien denke. Niemals hätte ich mir träumen lassen, dass es mich jemals auf einen solchen Seniorendampfer ziehen würde. Und jetzt steht dieses sehr besondere Abenteuer kurz bevor.

17. Juli // Brăila // 2742 km

Spät in der Nacht ist das Filmteam angekommen. Sie richten sich ein, jetzt sind wir im kleinen Appartement zu dritt, schlafen in einem Raum. Wir kennen uns schon lang, sind Freunde. So geht es einigermaßen. Johannes allerdings ist ohne Gepäck gekommen, sein Koffer ging unterwegs verloren. Er hat keine Unterhosen, keine Zahnbürste, nichts. Vor allem aber sind alle Aufladegeräte für die Kameras und das Handy nicht da. In Wien hat die Luftfahrtgesellschaft den Koffer einfach nicht in die richtige Maschine weitergeleitet. Am Morgen versucht er herauszubekommen, wann und wohin der Koffer gesandt werden kann. Kein einfaches Unterfangen, mit all den nervigen Hotlines der Fluggesellschaften.

Wir haben ein Treffen vereinbart mit der Projektleiterin Loredana Pana von der Organisation Mai Mult Verde und wollen am Donauufer mit ehrenamtlichen Helferinnen Müll sammeln. Bei der Abfahrt an der Unterkunft verhakt sich allerdings mein Spanngurt fürs Gepäck in die Kette und die Zahnräder des Hinterrads. Paul kann den Gurt zwar abschneiden, aber jetzt schiebt der Motor des E-Bikes, sobald sich die Pedale des Rads bewegen. Das ist beim Fahren und Schieben völlig ungeeignet. Ich kann das Rad eigentlich nicht mehr im Verkehr nutzen, fahre aber trotzdem zähneklappernd zum vereinbarten Treffpunkt, den Paul und Johannes mit einem Taxi erreichen. Loredana Pana ist bereits mit fünf Mädchen aus Brăila dort. Wir stellen uns gegenseitig vor und beginnen bald mit der Aktion. Gummihandschuhe und schwarze Plastiksäcke werden verteilt. Ich frage die Volontärinnen:»Wie viele Säcke werden wir wohl benötigen, was denkt ihr?« Eine von ihnen antwortet, »vielleicht sechs bis sieben Säcke«. Die Mädchen, zwischen 17 und 20 Jahre alt, haben sich hübsch gemacht, sie wissen, dass ein Filmteam kommt. Eine der jungen Frauen trägt ein gepunktetes, kurzes Kleid, die anderen frische Blusen und recht kurze Hosen. Sie haben sich ein wenig geschminkt, obwohl mir scheint, dass Müllsammeln nicht ganz der richtige Anlass dafür ist.

Aber jede von ihnen schnappt sich ohne zu zögern einen Sack und zieht los. Auch ich bewaffne mich mit einem solchen 100-Liter-Sack. Von oben am Kai entdecke ich wenig Müll. Aber als ich hinabsteige und mich umschaue, sehe ich überall am Ufer Müll liegen. Plastikflaschen, Plastiktüten, Dosen, Zigarettenpackungen, Kondome … ein Meer von Müll. Recht schnell sind alle sieben Säcke voll. Auch ein leerer Werkzeugkoffer aus Hartplastik liegt an der Donau. Man könnte verzweifeln ob all dieser Unachtsamkeiten. Das meiste wurde wohl von Menschen weggeworfen, die am Ufer des Flusses Erholung suchen. Das erscheint mir total widersinnig.

Wir sprechen über die Situation der Verschmutzung und der Lösungsmöglichkeiten. Seit 15 Jahren arbeitet Loredana für die gemeinnützige Organisation Mai Mult Verde. Es ist ihre tägliche Arbeit, junge Menschen auf ihre Verantwortung hinzuweisen, kommunale Behörden dazu zu bewegen, den Müll zu entsorgen, Müllcontainer aufzustellen, Pfand auf Plastikflaschen zu erheben, um so das Ausmaß der Verschmutzung zu reduzieren. Müll vermeiden, indem man unverpackte Ware kauft, Müll getrennt entsorgt, um möglichst viel davon wieder zu verwerten, und vielleicht einfach weniger kaufen, das sind einige der Möglichkeiten, unsere Umwelt zu schützen.

Am Nachmittag fahren wir zu Alberto, einem etwa 40-jährigen Mann, der sich bereit erklärt hat, mein Fahrrad wieder auf Vordermann zu bringen. Inzwischen sind neben den Achtern in den Rädern die Gangschaltung und die mit dem Gurt verklemmten Kettenräder dazu gekommen. Das erfordert einen wirklichen Fachmann. Alberto ist aus Lima, lebt seit einigen Jahren in Rumänien und arbeitet als IT-Fachmann. Nebenbei repariert er Fahrräder. Er hat alle Geräte, die man benötigt, um das verbogene Rad in Ordnung zu bringen. Einen Reparaturständer, auf dem man das Rad aufhängen kann, einen Zentrierständer, mit dem er genau herausfinden kann, wo die Felge sich verbogen hat, und natürlich das Werkzeug, das man benötigt. Mit einem speziellen Spanner zieht er die betroffenen Speichen fester. Den verklemmten Rest des Spanngurtes kann er mit einer Zange herausziehen. Die Gangschaltung wieder einzustellen allerdings scheint etwas komplizierter zu sein, das dauert ein bisschen. Er dreht immer wieder an der Schraube des Umwerfers, mit dem die Gänge korrigiert werden, und betätigt die Gangschaltung. Jetzt zeigt sich, dass die Shimano-Schaltung dieses einfachen Discounter-E-Bikes den Anforderungen einer solchen Tour nicht unbedingt gewachsen ist. Als es vor zwei Jahren geliefert wurde, war kein Fachmann dabei. Phil, mein Sohn, hat es damals für mich zusammengebaut. Die Gänge ordentlich einstellen konnten wir allerdings nicht. Möglicherweise hätte ein Werkstattbesuch unterwegs Schlimmeres verhindert. Aber solch ein Goldstück wie Alberto in einem fremden Land zu finden ist nicht leicht. Nach über einer Stunde schweißtreibender Arbeit übergibt er mir das super reparierte, gut funktionierende E-Bike. Ich bedanke mich sehr herzlich bei ihm, bezahle ihn für seinen guten Job und verabschiede mich von ihm. Jetzt kann die Reise unbesorgt weitergehen.

18. Juli bis 20. Juli // Brăila nach Murighiol // 2757 km

Es ist heiß in Rumänien. Die riesigen Maisfelder werden bewässert. Eine Bewässerungsanlage ist so eingerichtet, dass ein Großteil des Wassers die Straße trifft. Hier muss ich durchfahren. Bei meinem Versuch, eine Wasserlücke abzupassen, trifft mich der zurückkehrende Strahl voll. Ich bin durch und durch nass. Bei diesen Temperaturen ist das sogar angenehm, also genieße ich die Weiterfahrt und trockne dabei langsam im Fahrtwind. Kurz darauf erreiche ich den Kanal, aus dem das Wasser für die Anlagen gewonnen wird. Ich sehe von Weitem einige junge Männer dort baden. Eine Pause steht an, also halte ich bei den vergnügten Kids und schaue dem Treiben am Kanal zu. Sie kennen das Gewässer offensichtlich.»Wie tief ist das Wasser hier?«, frage ich sie.»Etwa zwei bis drei Meter«, antwortet ein junger Mann. Er ist 24 Jahre alt und hat in England gearbeitet.»Dort habe ich Englisch sprechen gelernt«, erklärt er mir seine guten Sprachkenntnisse. Er übersetzt auch für die anderen Jungs, wer ich bin und was ich frage. Auch ihre Antworten übersetzt er für mich. Sie zeigen, was sie draufhaben: Arschbomben, Kopfsprünge, wieder und wieder springen sie vom Rand einer Brücke ins Kanalwasser.»Wo arbeitest du?«, frage ich den jungen Mann.»Dort drüben in der Landwirtschaft«, sagt er und zeigt hinüber zu den riesigen Feldern, die am Kanal angrenzen.

Ein bisschen beneide ich die Jungs. Sie können nur mit Badehose bekleidet viel Spaß im Wasser haben. Kein einziges Mädchen und schon gar keine Frau ist hier zu sehen. Aus Respekt unterlasse ich es, mich kurz im Feld umzuziehen und mit ihnen zu baden. Es ist ihr Kanal, ihre Zeit, die sie mit großer Freude miteinander verbringen. Eine badende Frau würde sie vielleicht irritieren, vermute ich. Irgendwann packen sie ihre Sachen zusammen, steigen in eine Kutsche und lassen sich von einem Pferd zurück ins nahe liegende

Dorf kutschieren. Es wird in der Mittagshitze ohne Schatten auch am Kanal zu heiß. Ich dagegen steige auf mein Rad und fahre weiter. Das Filmteam hat für die nächsten Tage einen Van gemietet. Auch mein Rad und das gesamte Gepäck befinden sich im Auto. Wenn eine Szene interessant ist, packen wir alles aus, und ich fahre ein Stück. Da ich die ganze Strecke bereits in der anderen Richtung bewältigt habe und sie jetzt noch einmal mit dem Filmteam bereise, möchte ich sie nicht wieder komplett mit dem Rad befahren. Die Mittagshitze ist trotz der Klimaanlage im Van zu spüren. Wir haben Hunger und Durst. Irgendwo im Nirgendwo finden wir einen Kiosk, der offen zu sein scheint, und halten an. Eine Frau, vielleicht Ende 40, kommt und fragt nach unserem Begehr. Sie ist sehr freundlich und freut sich über Gäste. Wir wählen aus dem kleinen Angebot aus, holen uns Getränke aus den großen Kühlschränken, die im Freien stehen. Über den Kühlschränken und der Sitzgruppe ist ein gelbes Zeltdach gespannt. Die Frau schaltet einen rumänischen Radiosender mit Musik für uns ein und beginnt zu kochen. Im Schatten unter dem Plastikvorzelt ist es nicht gerade kühler als in der Sonne. Aber es ist gemütlich, die Musik aus der großen Box trägt zur guten Stimmung bei, und wir fühlen uns wie richtige Abenteurer. Dann ist unser Essen fertig: Wir lassen uns Burger, Hühnchen mit Pommes und eine mit Gemüse und Fleisch gefüllte Teigtasche schmecken. Als wir uns zur Weiterfahrt fertig machen, kippt plötzlich mein Rad um. Der Fahrradständer ist abgebrochen, wahrscheinlich aufgrund von Materialermüdung.

Wir erreichen einen Dammweg an der Donau, genauer gesagt einen Damm, der durch die Donauauen führt. So nah am Delta ist eine Weiterfahrt direkt am Fluss selten möglich. Wir wollen hierbleiben und einige Aufnahmen machen. Aber die Mücken lassen uns nicht in Ruhe. Selbst eine dicke Schicht Antimückenspray hilft kaum, also fahren wir weiter und kommen über einen unbefestigten Pfad direkt an die Donau. Noch während wir langsam heranfahren, kommen uns halbwilde bellende Hunde entgegen. Ich entschließe mich, trotzdem auszusteigen. Langsam gehe ich hinunter ans Ufer. Doch schon kommen die Hunde auf mich zugelaufen. Sicherheitshalber hebe ich einen Stein auf, einer der Hunde bleibt daraufhin stehen. Die beiden anderen interessiert diese Geste überhaupt nicht. Sie rennen weiter auf mich zu, schnüffeln am Stein, dann an mir. Ich versuche, meine aufkommende Angst in den Griff zu bekommen. Da bemerke ich weit hinten im Uferbereich einen Mann, der nach den Hunden ruft. Offensichtlich sind dies keine Straßenhunde, sondern halbwilde Tiere, die in der Nähe eines Hofes leben. Ich mache mich mit den Hunden vertraut. Zusammen gehen wir zum Van. Dort gebe ich ihnen etwas von unserem Brot, lasse sie die zerlaufene Butter auflecken und darf sie dann streicheln. Während ich mich zu ihnen auf den Boden setze, beginnen sie mit mir zu spielen, sich an mich zu schmiegen. Ich mag Hunde. Da ich in dieser Lebensphase viel reise, kann ich keinen Hund zu mir holen. Vielleicht ändert sich dies eines Tages. Dann werde ich Hühner haben und einen lieben Hund aus dem Tierheim, der die Hühner vor dem Fuchs bewacht.

In Murighiol schlafen wir im Zelt auf dem Campingplatz. Der Inhaber des Platzes bietet uns an, in den späten Nachmittagsstunden eine Bootstour ins Delta zu unternehmen. Ich freue mich sehr auf diesen Ausflug, der mich wieder in diese atemberaubende Flusslandschaft führen wird. Wir brechen gegen 16 Uhr auf. Durch die großen Kanäle und den Sfantu-Gheorghe-Arm erreichen wir die Seen und kleinen Kanäle im Inneren des Deltas. Dort können wir die unglaublich vielfältige Vogelwelt erkunden, sehen die Seerosen blühen und atmen diese herrlich sanfte Luft über dem Wasser, die es vielleicht nur hier gibt. Als es dämmert, begegnen wir einer Gruppe von Pelikanen, die sich zum Schlafen auf einem schwimmenden Baumstamm zusammengefunden hat. Diese großen Vögel sind ein wirklich faszinierender Anblick, und umgekehrt wohl auch, sie beobachten aufmerksam, aber ohne große Scheu das Boot und uns. Langsam gleiten wir durch die Kanäle zurück. Auf den Seerosenblättern hüpfen kleine schwarze Blesshühner davon. Nebelschwaden steigen aus dem Wasser auf. Dort und unter den alten Weiden, deren Stämme im Wasser der Donau wachsen, sehe ich sie dann. Die kleinen scheuen Elfen. Feengleich tanzen sie über die Seerosenblätter wie Vögelchen, schweben dicht über der Wasseroberfläche wie Libellen dahin. Ihre silbernen Flügelchen flattern zwischen den Blättern der Weiden. In ihren grünen zarten Kleidchen sind sie kaum zu erkennen. Die Feen werden bewacht von dunklen kleinen Gnomen. Die achten darauf, dass die zerbrechlichen Wesen nicht von Fischen geraubt werden. Mitunter glaube ich sie gar singen zu hören. Ein feines zartes Zirpen und Flöten klingt aus dem Schatten zu uns herüber.

Im Delta sinkt die Nacht über das Wasser. Wir sind das letzte Boot, das aus den Kanälen nach Hause fährt. Als wir im Bootshafen ankommen, ist es dunkel geworden. Unser Campingplatzbesitzer gibt uns den Tipp, in einem einheimischen Gasthaus zu Abend zu essen. Er hat uns dort angemeldet. Die Gastwirtin erwartet uns in einem überdachten Außenbereich, der direkt an einem Kanal liegt. Eine Gruppe von Männern feiert dort offensichtlich einen Geburtstag. Sie singen und lachen und trinken reichlich Schnaps. Uns wird eine feine, mit Sahne angereicherte Suppe mit Fisch und Gemüse serviert. Eine Sahneknoblauchcreme dient als zusätzliche Würze. Wir essen und essen, bis nichts mehr in der Suppenschüssel ist. Dann sind wir satt. Plötzlich kommt völlig unerwartet der nächste Gang. Gebratener Flussfisch, Maispolenta und schließlich zum Nachtisch in Fett ausgebackene Teigkringel und Torte. Die kleine

Karaffe mit Schnaps hilft nicht gegen das Völlegefühl, das sich nach diesem opulenten Mahl einstellt. Ich habe nach der Hälfte bereits aufgegeben und Teile des Fisches an eine kleine Katze verfüttert. Während wir essen, regnet es in Strömen, die Mücken fallen über uns her, und die feiernde Gruppe wird lauter. Schließlich kommen zwei der Männer zu uns herüber und beginnen ein Gespräch. »Woher kommt ihr?«, fragen sie uns. Als sie sich verabschieden, bekomme ich von einem der Männer, die am Nebentisch feiern, einen Kuss auf die Hand gedrückt. Sehr höfliche und galante Burschen, diese Rumänen.

Mit vollem Bauch wanken wir zum Zeltplatz zurück. Bei meinem Zelt habe ich beim Weggehen versehentlich die äußere Hülle nicht geschlossen, deshalb hat es durch das Mückengitter hineingeregnet. So ist der Schlafsack am Fußteil feucht geworden. Irgendwo suche ich mir eine trockene Stelle, kuschele mich in meinen blauen Seideninnenschlafsack und versuche zu schlafen. Es ist feucht und warm. Draußen beginnen die Frösche im Kanal ihre nächtlichen Gesänge. Weit hinten im Dorf fügt sich das Bellen der Hunde ins Konzert. Am frühen Morgen, noch ist es draußen dunkel, singen die ersten kleinen Vögel ihr morgendliches Lied. Tauben mischen ihre gurrenden Laute dazu. Als die Hähne anfangen zu krähen, schlafe ich endlich ein.

Ich zelte gern. Aber richtig gut schlafe ich nicht im Zelt. Die Geräusche sind so nahe. Jeder Schritt im Umfeld ist zu spüren. Kleine Geräusche hören sich groß an. Die Hauptgründe aber, warum ich nicht oft gezeltet habe auf dieser Tour, waren die anfängliche Kälte, das Regenwetter und die heftige Mückenplage, die mit der hohen Feuchtigkeit einherging.

Auf der Fahrt zurück nach Brăila kommen wir an einem Kletterpark vorbei. Schon von Weitem kann man ihn erkennen. Er ist in der Form eines sehr großen Segelschiffes gestaltet. Die Masten aus rot angestrichenem Stahl sind verbunden mit den Kletterelementen, die Routen haben verschiedene Schwierigkeitsgrade. Drei Masten ragen auf einer Anhöhe hoch über dem Delta in den Himmel. Lange weiße Leitern verbinden die Stockwerke. Wir erreichen den Kletterpark über eine steile unbefestigte Piste. Dort erwarten uns zwei Männer, um uns in den Park einzuweisen. Sowohl Paul, der lange im Kletterwald in Eschwege gearbeitet hat, als auch ich, mit Erfahrungen im Hochseilgarten in Reichenbach, sind vertraut mit den Bedingungen. Wir lassen uns trotzdem einweisen, ziehen Gurt und Helm an und beginnen mit dem Klettern. Bis auf die schwierigsten Elemente, die ganz oben eingerichtet sind, arbeiten wir uns durch die komplette Anlage. Während Paul mit der Kamera und der Drohne Aufnahmen macht, habe ich die Hände frei, um mich zu sichern. Es macht Spaß, sich durchzukämpfen. Die Herausforderung anzunehmen. Die Sicherung sauber und korrekt durchzuführen. »Braucht man Mut dazu, in so einer Anlage zu klettern?«, fragt mich Paul. Ich denke kurz nach. Dann antworte ich: »Mut, vielleicht ein wenig. Aber wenn ich mich an die Anweisungen halte, meine Kleidung den Anforderungen entsprechend wähle, aufmerksam die jeweiligen Bedingungen berücksichtige und einfach nicht loslasse, auch wenn es anstrengend wird, dann erfordert das Klettern nicht allzu viel Mut. Aber ich bin auch eher kein Couchpotato«, antworte ich lachend. Der Pirat, der die Aufgabe hat, mich bei der Seilrutsche aufzufangen und zu halten, fragt mich beim Abschied: »Wie alt bist du?« Der Mann ist bekleidet mit einer schwarz-rot gestreiften Hose, einer glänzenden, schwarzen Weste und einem weißen, langärmligen Hemd. Auf dem Kopf trägt er einen blauen dreieckigen Piratenhut. An den Füßen trägt er hohe, schwarze Stiefel. Ein rotes Halstuch und eine kleine Pfeife um den Hals runden das Kostüm ab. Ich nenne ihm mein Alter. »Ich bin 65,« sagt er und nickt anerkennend mit dem Kopf.

Kurz vor Brăila fahren wir über die neue Brücke, eine Fähre über die Donau gibt es nicht mehr. Das imposante Bauwerk ist teilweise noch eine Baustelle, einen durchgehenden Radweg sehe ich im Vorbeifahren nicht. Die Strecke über die Brücke bis zur Innenstadt von Brăila ist wesentlich länger, als wenn man die Fähre nutzen würde. Ich hatte wirklich Glück, dass mich ein Bootsmann auf die andere Seite übergesetzt hat, als ich da am Ufer stand.

22. Juli // Brăila // 2777 km

Gemeinsam mit dem Filmteam besichtige ich Brăilas Innenstadt, die griechisch-orthodoxe Kathedrale, in der eine Hochzeit stattfindet, die alten, teils verfallenen Häuser, die errichtet wurden, als der Getreidehandel Geld in die Stadt schwemmte, die mit gelb-rot-blauen Regenschirmen geschmückte Fußgängerzone, die Parkanlage am Donauufer mit den bunt beleuchteten Wasserfontänen.

Dort, wo die Frachtschiffe beladen werden, sehen wir die Straßenhunde. Eine Hündin mit kleinen Welpen. Sie liegen im dürren Gras am Kai, im Gebüsch hinter den parkenden Autos, im Sand am Donauufer. Sie hier herauszuholen aus ihrer Umgebung und in eine Tierauffangstation zu bringen wäre wenig sinnvoll. Hier haben sie sich durchgekämpft, eine mildtätige Seele wird ihnen vermutlich Futter geben, damit sie überleben. Besser wäre es, wenn die Stadt das Geld aufbringen würde, die Hunde zu kastrieren, damit nicht immer neues Elend heranwächst.

Am Abend bereits beginnt es zu regnen. Es regnet die Nacht durch, und auch am nächsten Morgen will der Regen einfach nicht aufhören.

Naturparadies: Das Donaudelta, Teil des UNESCO-Weltnaturerbes.
Sein kleinerer Teil gehört zur Ukraine, der größere zu Rumänien.

Rumänische Gastfreundschaft: Alina, meine Gast-
geberin in Baneasa, die Nachbarin Mioara und ich

Reiche Ernte: Mioara ist Witwe und versorgt sich selbst
und uns aus ihrem Garten mit frischem Gemüse.

Ersthelfer: Bei meinem ersten Platten ist der Erste, der anhält, zufällig der in Rumänien bekannte Radfahrer-veteran Teodor Banzan.

Glück gehabt: Braila hat eine neue Brücke. Jetzt fährt die Fähre nicht mehr. Ein Bootsmann bringt mich über die Donau nach Braila in Rumänien.

Uferlos grasen: Donaukühe genießen das Leben
in den Flussauen der Walachei.

Auftanken: Mit dem rumänischen Straßenhund teile ich
mein letztes Brot und Wasser.

Fünfter platter Schlauch:
Langsam bekomme ich Übung.

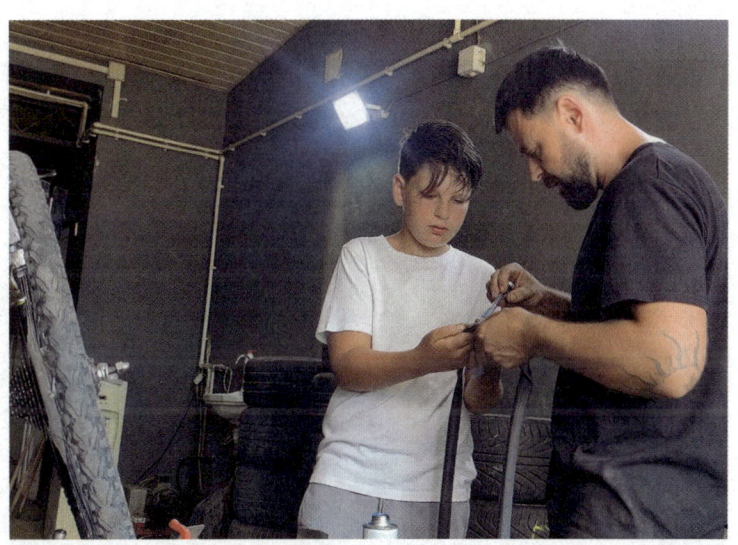

Gute Arbeit: Fachliche Hilfe bekomme ich für einen platten Schlauch
in einer Vulkanisierwerkstatt in Harsova.

Abendruhe: Pelikane sammeln sich im abendlichen Donaudelta.

Idylle: Ein Fischerboot liegt am Ufer des Razim-Sees in Sarichioi.

Faszination Donau-delta: Bei einer Bootstour erhalte ich Einblick in die unberührte Natur dieses riesigen Biosphärenreservats.

Ziel erreicht: mein E-Bike und ich am Razim-See
nahe des Schwarzen Meers

Wer zum Paradise Resort möchte, wird mit Sack und Pack
ins Boot verladen. Straßen gibt es im Donaudelta nicht.

Erfrischung am Wegesrand: Rumänische Jugend
vergnügt sich beim Baden im Kanal.

Hoch. Hinaus: Im Kletterpark bei Murighiol kann ich
meine Kletterkünste unter Beweis stellen.

Faszinierende Eindrücke: Bootsfahrt im Donaudelta

Müllaktion in Braila: Ich bin bei einer Sammelaktion einer örtlichen Umweltinitiative dabei und habe schnell einen Plastiksack mit Müll voll.

Sieben auf einen Streich: In einer knappen halben Stunde sammeln die ehrenamtlichen jungen Frauen und ich viel Müll am Ufer der Donau.

Engagiert: Loredana Pana ist hauptberuflich für die
Organisation Mai Mult Verde in Braila tätig.

Fantastische Blüten: Sonnenblumenfelder,
so weit das Auge reicht.

217
Rumänien

Heimwärts

Kreuzfahrt-Premiere

Geheimer Gast

Traum der heilen Erde

Wunderbare »Alleinsamkeit«

Das Leben als Fluss

23. Juli // Brăila Hafen

So fahre ich mit Sack und Pack im Regen auf dem Rad hinunter zur Donau, um beim Kreuzfahrtschiff einzuchecken. Das österreichische Schiff unter Schweizer Flagge hatte seine Jungfernfahrt 2007. Strahlend weiß liegt es auf der Donau. Es erhielt seinen Namen von dem bekannten Wiener Dramatiker, Schauspieler und Opernsänger Johann Nepomuk Eduard Ambrosius Nestroy.

125 Meter lang ist die »MS Nestroy«, elf Meter breit, und es ist eines der wenigen Schiffe, das über den Nullkilometer hinaus ins Schwarze Meer fährt. Auf vier Decks findet das Leben während der Reise statt, es gibt 113 Kabinen für Passagiere. Meine Kabine liegt im Schillerdeck, ganz oben auf dem Schiff ist das Sonnendeck. Um 14 Uhr darf ich die Gangway mit dem Rad hinunterrollen, um meine Kabine im Schillerdeck zu beziehen. Alle Kabinendecks sind nach Schriftstellern benannt. Eine überaus sympathische Gästebetreuerin empfängt mich. Ich erzähle ihr: »Noch nie bin ich auf einem Kreuzfahrtschiff mitgefahren und weiß nicht, was genau ich hier machen muss.« »Dann« freut sie sich, »werden wir uns besonders ins Zeug legen, damit es dir bei uns auf dem Schiff gefällt!«

Meine Kabine ist zweckmäßig eingerichtet, ein Bett, Schränke, Schubladen, zwei Sessel und ein Tischchen dazwischen, eine kleine Dusche mit Waschbecken und Toilette runden die Einrichtung ab. Eine Balkontüre, die sich öffnen lässt zum Wasser hin, schenkt mir einen wundervollen Blick auf meine Donau. Ich sitze hier auf dem obersten, dem Sonnendeck, die Sonne geht langsam hinter den Häusern von Brăila unter, bald werden sich alle Gäste zum Abendessen versammeln. Wir werden die nächsten neun Tage gemeinsam auf diesem großen Schiff verbringen, Ausflüge in die Städte auf der Route machen und nach und nach miteinander vertraut werden.

24. Juli bis 31. Juli // Brăila über Tulcea bis Wien

Die Wellen plätschern leise an die Bordwand des Schiffes, langsam gleitet das Ufer an meinem offenen Fenster vorbei. Seit vier Tagen bin ich an Bord der »MS Nestroy«, einem Kreuzfahrtschiff, das auf europäischen Flüssen verkehrt und als eines der wenigen Schiffe über das Donaudelta hinaus bis zum Schwarzen Meer fährt. Dass ich nicht die ganze Strecke mit dem Rad zurückfahren will, war mir bereits bei der Planung dieser Reise klar. Die Frage, ob ich mit dem Zug, mit einem Bus oder mit dem Flugzeug nach Hause reisen würde, war lange offen. Immerhin ist da auch noch das Rad, mit seinem Akku, der nicht mit ins Flugzeug darf. Er müsste separat verschickt werden.

Gruppenreisen oder gar Kreuzfahrten waren für mich allerdings noch nie ein Thema. Ich reise gerne selbstbestimmt, allein und unabhängig. Dass ich schließlich auf einem Kreuzfahrtschiff landen würde, hätte ich selbst nie geglaubt. Als diese Idee sich langsam in meinem Kopf ankündigte und deutlicher wurde, träumte ich davon, noch einmal, nach der langen Tour flussabwärts, wieder flussaufwärts auf der Donau unterwegs sein zu können.

Jetzt bin ich auf dem Fluss. Ich reise 2000 Kilometer flussaufwärts. Ich habe mich mit der Situation auf dem Schiff angefreundet, Bekanntschaft gemacht mit Mitreisenden. Jenny Tumanova aus Russland, unsere Reiseleiterin auf der »MS Nestroy«, hat auf dem Panoramadeck bei einer ihrer Vorträge geheimnisvoll von einem Gast gesprochen, der mit dem Rad bis zum Schwarzen Meer gefahren ist und jetzt auf dem Schiff zurückkreist. »Ich verrate aber nicht, wer das ist. Vielleicht finden Sie es selbst heraus und machen eine interessante Bekanntschaft«, erklärt sie den etwa 100 Gästen auf dem Schiff.

Wie ich sind die meisten Passagiere hier älter, viele von ihnen Paare, wenig Alleinreisende. Manche sind mobilitätsbeeinträchtigt. Für sie gibt es besondere Angebote. Die anderen können täglich an Exkursionen in die Städte am Ufer teilnehmen, Ausflüge ins Donaudelta unternehmen, Weingüter, Felsenkirchen und Kathedralen besichtigen und mit Menschen in Kontakt kommen, die am Ufer leben. Für Unterhaltung sorgt Jenny, indem sie Wissenswertes über das Schiff, die Donau, geschichtliche Hintergründe und Anekdoten aus früheren Reisen erzählt. An Bord gibt es drei Kapitäne, der Kapitän mit dem höchsten Grad ist Ilia Rusev aus der Ukraine. Außerdem gibt es den Hotelmanager Ayman Mohammed aus Ägypten, die Servicecrew, die Reinigungscrew, die Schiffsmannschaft, die wichtigen Leute in der Küche mit einer weiblichen Chefin, eine Rezeption, die rund um die Uhr besetzt ist und für alle Fragen zur Verfügung steht, einen Musiker, einen Masseur und ein Fitnessstudio. Die Crew ist international und kommt aus 14 Ländern, die Bordsprache ist Deutsch, die Crewmitglieder unterhalten sich untereinander auf Englisch.

Mein Rad wurde aus Sicherheitsgründen aufs Sonnendeck gebracht, damit es an der Rezeption im Eingangsbereich, der als Fluchtweg frei bleiben muss, nicht stört. Es steht nun, vertäut an der Reling, in einem abgesperrten Bereich, wo die Crewmitglieder sitzen, wenn sie Pause machen. Manchmal schlendere ich auf meinen Spaziergängen übers Schiff am Rad vorbei und schaue, ob es ihm auch gutgeht. Meine Fenster in der Kabine sind fast immer offen, ich mag keine Klimaanlage, auch nachts mache ich die Vorhänge und Fenster weit auf. Ich schlafe gut beim leisen Motorgeräusch des 125 Meter langen Schiffes. Vom Bett aus kann ich die Donau sehen, das Ufer, das hier in Rumänien überwiegend unberührt und grün ist. Das Schiff fährt flussaufwärts nicht schneller, als ich mit dem Rad flussabwärts gereist bin. Es ist ein sanftes Gleiten auf dem Wasser. Ganz still liegt der Fluss vor uns. So könnte es vor 1000 Jahren hier auch ausgesehen haben. Vögel gleiten über die Wasseroberfläche, hin und wieder springt ein Fisch aus dem Wasser, um eine Mücke zu erwischen. Das Plätschern der Wellen wiegt mich sanft in den Schlaf. Eine zeitlose Ewigkeit bin ich auf dem Wasser unterwegs. Wenn da nicht die Ausflüge wären, die Stunden, in denen Mahlzeiten eingenommen werden, oder die Vorträge von Jenny, würde ich in einem Traum versinken. Ein Traum über eine heile Erde, in der Tiere, Pflanzen und Menschen im Einklang miteinander leben. Eine Welt, in der jedes Lebewesen in Würde den benötigten Raum einnehmen könnte. Frieden schwebt über dem Wasser. Die Langsamkeit, mit der ich auch jetzt reise, bringt Ruhe in mein Gemüt. Auf dem Schiff komme ich zu mir, kann über meine Reise an der Donau nachsinnen. Ich bin meinen Fluss so nahe wie nie zuvor.

Gegen zwei in der Nacht passieren wir das Flussstück entlang der ukrainischen Grenze, die sich mitten durch den Fluss zieht. Am Morgen erfahre ich, dass russische Drohnen nur Stunden später, nachdem wir hier vorbeigefahren sind, Getreidesilos in dem ukrainischen Hafen angegriffen haben.

Es ist heiß. 42 Grad. Wir besuchen die Felsenkirchen von Iwanowo. Dieses UNESCO-Weltkulturerbe liegt weit draußen im bergigen Umland. Über steile Stufen und steinige Pfade steige ich mit den anderen Besuchern zusammen zur Kirche hinauf. Das kulturell wertvolle Ensemble wird nicht besonders geschützt. Die höhlenartigen Räume, die Mönche im 12. Jahrhundert in die Kalkwände gegraben und teilweise mit Fresken bemalt haben, werden nur von einem einzigen Mönch bewacht.

Am Abend kommt Wind auf. Blitze zucken am Horizont. Es regnet. Oben auf dem Deck hat die Schiffscrew alle Sonnenstühle auf den Boden gelegt und die Sonnensegel abgehängt. Die Gäste tanzen auf dem Panoramadeck zur Musik von Roberto, dem Bulgaren. Ich steige die Stufen zum Oberdeck hinauf, stelle mich nahe an die Kapitänsbrücke. Es ist dunkel. Das Wasser rauscht schwarz am Schiff vorbei. Selten leuchtet eine Positionslampe auf dem Strom. Kein Geräusch ist zu hören außer dem leisen Stampfen des Schiffes und dem Rauschen der dunklen Wellen. Ein Frachter sei auf eine Sandbank gelaufen, erzählen die Schiffsleute. Die Donau verändert sich. Täglich.

Der Kapitän hat das Radargerät vorn am Bug, um in der Nacht und bei schlechter Sicht rechtzeitig Hindernisse zu entdecken, außerdem das Echolot für Untiefen. Die Kapitäne kennen den Fluss. Wer Dienst hat, darf keinen Augenblick schlafen dort oben. Einer hat Dienst, einer schläft, einer macht sich zum Wechseln bereit. Manchmal sind zwei Kapitäne auf der Brücke. Die Gäste dürfen den abgesperrten Bereich nicht betreten. Allein, nur mit sich und ihrer Arbeit, verrichten die Männer am Ruder ihren Dienst.

Nur schwach leuchtet der Mond hinter den Wolken. Wir fahren auf einem Fluss. 2000 Kilometer. Selten sehen wir Lichter am Ufer. Hier in Rumänien ist der Uferbereich weitgehend unberührt. Da der Fluss nicht begradigt ist, säumen Wälder und Auen das Ufer. Feuchtgebiete, die nicht besiedelt werden können, grenzen an das fließende Wasser. Es ist still auf dem Fluss. Ich bin weit weg vom Trubel und Lärm und Dröhnen dieser Welt. So war es hier wahrscheinlich auch vor Hunderten Jahren, das Wasser, die Schiffsmannschaft, die Wellen, die gegen das Boot schlagen.

Das Filmteam begleitet mich auf der Reise mit dem Schiff. Immer wieder packen Johannes und Paul ihre Kameras und die Drohne aus, um Szenen auf dem Schiff zu filmen. Wir fallen inzwischen selbst den letzten Gästen auf. Einige sprechen mich an. »Bist du die Frau, die mit dem Rad an der Donau bis zum Schwarzen Meer gereist bist?« Natürlich erzähle ich dann kurz meine Geschichte. Es gibt einige, die mir in Facebook auf »Margot reist« folgen. Wir entscheiden uns nach Rücksprache mit Reiseleiterin Jenny, eine kurze Präsentation meiner Touren und einen Bildvortrag über die Radreise zu machen, damit das Geheimnis gelüftet wird. Also plant Jenny den Vortrag im Abendprogramm mit ein und informiert die Gäste an Bord. Der größte Teil der Mitreisenden ist anwesend, als wir die Präsentation halten. Wir zeigen die gekürzten Filmtrailer von »Über Grenzen«, »Einfach Abgefahren« und »Hoch. Hinaus« und Fotos von der Radtour. Am Ende der Präsentation beantworten wir die Fragen aus dem Publikum. »Wo hast du übernachtet? Wie viele Kilometer am Tag bist du gefahren? Was hat diese Reise gekostet?« Ähnliche Fragen bekomme ich oft bei Vorträgen zu meinen anderen Reisen gestellt. »Ich habe oft in Pensionen am Weg geschlafen, war zwischen 50 und 80 Kilometer am Tag unterwegs, auch wegen der Kapazität des Akkus«, antworte ich, »und diese Reise war nicht teurer als die anderen Reisen. Durchschnittlich habe ich 50 bis 60 Euro pro Tag ausgegeben.« Vor allem die Frauen im Publikum finden es gut, dass ich alleine gefahren bin. Einige würden solche Reisen gerne unternehmen, wenn sie nur den Mut dazu hätten. Auch an den Tagen nach der kurzen Präsentation sprechen mich immer wieder Mitreisende an, um Fragen zu stellen oder mir zur erfolgreichen Durchführung der Radtour zu gratulieren.

Die erste Schleuse flussaufwärts liegt vor uns. Das Schiff fährt in den Kanal hinein. Der Abstand des Schiffes zur Schleusenwand wird enger und enger. Unsere Tischnachbarn entdecken, dass Lenker und Spiegel meines Rades beinahe an der Wand entlangschaben. Der Tischnachbar beginnt bereits, das Seil zu lösen, um das Rad woanders hinzustellen, als ich dazukomme. Wir stellen das Rad zum Deck geneigt und befestigen das Seil wieder an der Reling. Was für ein Glück, dass achtsame Menschen mit an Bord sind. Als die Schleusenbrücke sich schließt, laufen Hunde von einer Seite herüber zur anderen Seite. Nun hebt sich das Schiff langsam, so sind sie auf gleicher Höhe wie das Schillerdeck. Jetzt fangen Gäste an, die Hunde mit Brotstückchen zu füttern. Vier Hunde haben sich inzwischen an der Stelle eingefunden. Offensichtlich haben die Tiere gelernt, dass aus dem sich hebenden Schiff heraus Futter kommt. Beeindruckend!

Ich treibe mich auf dem Sonnendeck herum, beobachte neugierig und möglichst unauffällig das abgedunkelte Ruderhaus. Wie gerne würde ich in diese Kommandozentrale lugen oder mich einmal ans Ruder setzen. Ganz so unauffällig habe ich mich offenbar nicht verhalten; der Kapitän winkt mir zu und bittet mich herein, und im nächsten Moment habe ich auch schon auf seinem Steuersitz Platz genommen. Wie jetzt? Soll ich das Riesenschiff lenken? Der Kapitän legt meine Hand auf das Steuerruder, ein schmaler Handgriff rechts auf der Kommandoanlage mit unendlich vielen blinkenden Anzeigen und Tasten. Die Donau macht ungünstigerweise gerade jetzt eine Kurve nach rechts. Ich soll den Handgriff für die Steuerung daher nach rechts schieben. Logisch. »Stopp! Nicht so viel. Nur wenige Zentimeter«, erklärt mir der Kapitän und lässt mich dabei keine Sekunde aus den Augen. Das Schiff schwankt ein wenig hin und her, beruhigt sich dann aber rasch wieder und nimmt Fahrt auf. Glücklicherweise ahnt niemand an Bord, dass ich gerade den Dampfer durch die Kurve manövriere. Vielleicht wäre sonst eine Panik ausgebrochen, alle wären an die Kästen mit den Schwimmwesten gerannt und hätten sich ins Wasser gestürzt.

Der wohl imposanteste und bekannteste Taldurchbruch in Europa, der vor uns liegt, ist die über 100 Kilometer lange Kataraktenstrecke mit dem berühmten Eisernen Tor. Hier sucht sich die Donau ihren Weg durch das Balkan- und Karpatengebirge vorbei an bis zu 300 Meter aufragenden Felswänden. Die Donau ist hier aufgrund der engen Felswände nur 200 Meter breit, aber gewaltige 80 Meter tief. Dank der Staudämme Djerdap I und Djerdap II verloren diese Engstellen ihren Schrecken. Bei dem Bau 1972 allerdings wurden einige Ortschaften in und an der Donau zerstört. Wir fahren über eine versunkene Insel. Die Insel Ada Kaleh ist geflutet worden, als der Staudamm gebaut wurde. Es handelt sich um eine türkische Enklave, die zu Serbien gehört. Von den Häusern auf der Insel ist wenig erhalten, die blühende Siedlung ist für immer im Wasser verschwunden.

Wir kommen vorbei an der höchsten Felsskulptur Europas, einer Steinstatue des Dakerkönigs Decebalus bei der Mündung der Mraconia am serbischen Donauufer, die der rumänische Geschäftsmann Iosif Dragan direkt in den Felsen meißeln ließ, an einem historischen Kloster und Ausgrabungsstellen einer frühen Kultur. Die Festung Golubac, an der ich bereits mit dem Rad vorbeigekommen bin, sehe ich festlich beleuchtet am Abend vom Fluss aus wieder. Wir unternehmen Ausflüge in die Puszta, bewundern wilde Reiterspiele, alte Bauern- und Handwerkshäuser, traditionelle Trachten und Tänze. Wir besichtigen Kathedralen, historisch bedeutsame Fresken und Gemälde, Statuen und Kriegsfolgen aus allen Jahrhunderten. Die Länder, durch die wir reisen – Rumänien, Ukraine, Serbien, Bulgarien, Kroatien, Ungarn, Slowakei und Österreich – haben alle eine wechselhafte, intensive Geschichte. Sie zeugt vom reichen kulturellen Erbe entlang der alten Handelsrouten des Habsburgerreiches. Wir werden bei unseren Exkursionen begleitet von Deutsch sprechenden, einheimischen Reiseführern, die gründlich informiert sind über die jeweilige Geschichte ihres Landes. Es sind unter anderem Lehrerinnen, die versuchen, ihr schmales Gehalt mit dieser Nebentätigkeit aufzubessern.

In diesen Gruppen mitzugehen, fällt mir recht schwer. Die meist älteren Menschen gehen langsamer, bedächtiger, schauen sich hier und da um, bleiben stehen, hören schlecht und fragen nach. Treppen steigen zieht sich, wenn andere ihnen entgegenkommen, geht es erstmal nicht weiter. Das bin ich absolut nicht gewohnt. Wenn ich alleine unterwegs bin, kann ich so zügig gehen, wie es mir beliebt. Kann mich informieren, wie ich es möchte, üblicherweise hole ich mir die entsprechenden Informationen aus Broschüren, von Google oder Wikipedia. Ich hatte eigentlich vor, auf dem Schiff mein Buch weiterzubearbeiten. Aber das Internet an Bord ist nicht ausreichend für solche Tätigkeiten. Also entscheide ich mich, bei den Ausflügen mitzugehen, beiße die Zähne zusammen und lasse mich treiben. Einzig den Small Talk, der in den Gruppen üblich ist, mache ich nicht mit. Erst bei einer Weinprobe ertrage ich die Gruppendynamik ein wenig besser. Nach über zwei Monaten Abstinenz schmeckt mir der rumänische Wein nicht schlecht.

Aber an Bord macht sich eine Erkältung breit, und leider erwischt es auch mich. Die Nase läuft, der Hals kratzt, die Knochen tun mir weh. Ich ziehe mich oft zurück, sehe die anderen eher nur beim Essen. Beim Abschiedscocktail, bei dem sich die Reiseleiterin Jenny, der Hotelmanager und der Kapitän von uns verabschieden, stoße ich mit an, und bei der anschließenden »Alaska Show« der Besatzung singe ich mit, so gut es geht. Aber so viele Menschen auf einem Haufen sind eigentlich nicht mein Fall. Mich zieht es in die »Alleinsamkeit«. Ein wundervoller Zustand, den ich nicht mehr aufgeben möchte. In Wien gehen die meisten der Gäste von Bord, auch das Filmteam und ich packen unsere Koffer und Säcke. Wir binden das Rad los und schleppen alles aufs Festland. Nach neun Tagen haben wir wieder festen Boden unter den Füßen. Die »MS Nestroy« fährt weiter die Donau hinauf nach Linz, um von dort aus von Neuem die Fahrt zum Schwarzen Meer anzutreten.

Es wird Abend an der Donau. Der Lärm der Stadt verstummt. Nebel steigt auf vom Fluss und zieht über das Wasser. Ich träume vom unberührten Ufer, von der faszinierenden grünen Wildnis, in die kein Mensch vordringen kann. Nur Vögel und Insekten und Fischwesen leben dort im Einklang mit den Gesetzen der Natur. Still werden am Fluss. Mich besinnen auf mein Leben. Ein Fließen und Strömen, nicht immer leicht, mit Sandbänken, mit Untiefen, mit Stromschnellen, die mich beinahe in die Tiefe gerissen hätten. Mit herrlichen Sonnentagen und Freude am Ufer.

Ich bin dankbar für jeden Augenblick dieser Reise, die mich sehr nahe zu mir selbst geführt hat. Dankbar dafür, dass mich kein Lastwagen mitgerissen hat. Dass meine Blessuren verheilt sind. Dass ich überall gastfreundliche und hilfsbereite Menschen getroffen habe. Dankbar, dass ich Hilfe gefunden habe, wenn ich Hilfe gebraucht habe. Mein Discounter-E-Bike hat durchgehalten. Die Eindrücke auf dem Seniorenschiff haben mich demütig gemacht. Dass viele ältere Menschen nicht mehr fit genug sind, um solche Reisen zu unternehmen wie die meine, ist mir bewusst. Dass ich körperlich noch ausreichend Kraft habe, all die Herausforderungen einer solchen Tour zu bewältigen, dafür bin ich wirklich dankbar.

Ich nehme einiges von dieser abenteuerlichen Reise mit: mein Leben als Fluss zu erkennen, der sich in jedem Augenblick ändert und mir die Möglichkeit bietet, mich neu zu orientieren und mich weiterzuentwickeln. In keinem Augenblick ist das Strömen meines Lebensflusses nutzlos oder sinnlos, auch wenn ich seinen Lauf nicht immer gleich begreifen kann. Gerade die schweren Momente gehören dazu, so wie die starke Strömung des Wassers zum Fluss gehört. Und es gibt viele fröhliche Momente, in denen die Wellen munter ans Ufer plätschern. Quelle und Mündung, Untiefen und Stromschnellen, Trockenheit und Flut, alles schließt sich zu einem wunderbaren kraftvollen Kreis.

Der Leitgedanke für meine Reise fällt mir wieder ein, und selten hat er besser gepasst als an diesem Abend am Donauufer in Wien: »Sei wie ein Fluss, der still die Nacht durchströmt.« Mache, was dir wichtig erscheint, und gehe respektvoll und achtsam deinen eigenen Weg. Wenn das Schiff vorbeigefahren ist, mit all seinen Lichtern, seinem Trubel und Glanz, wird wieder Nacht sein über dem Fluss und die Stille wird wieder einkehren. Diese eindrucksvolle Reise an der Donau hat für mich ganz besondere Augenblicke der Erkenntnis bereitgehalten. Anders als die weiten Reisen in ferne Länder, wo jeder Moment beeindruckte durch Fremdartigkeit und Andersartigkeit. Und obwohl ich gerade mal knapp 3000 Kilometer von zu Hause entfernt war, hatte ich das Gefühl, weit, weit weg zu sein aus meinem Alltag. Das langsamere Vorankommen mit eigener Kraft schafft andere Weiten im Kopf.

Manches Mal glaubte ich gar, dass ich viel länger unterwegs sei als bei meinen anderen Reisen. War diese Tour mit dem E-Bike gefährlicher? Abenteuerlicher? Nun, das Radeln auf den stark befahrenen Straßen war allerdings gefährlich. Das Risiko, an der Grenze zur Ukraine von einem Drohnenangriff getroffen zu werden, hielt sich einigermaßen in Grenzen. Wie immer habe ich erfahren, dass die Menschen auch in Osteuropa gastfreundlich sind und außerordentlich hilfsbereit. Ich habe vor allem im Donaudelta und an den Ufern der unteren Donau beeindruckende Natur gesehen: Lebensbereiche, zu denen wir Menschen kaum Zutritt erlangen können. Faszinierende Landschaften wie zu Anbeginn unserer belebten Welt, einfach und betörend schön.

Wenn ich in der Stillte der Nacht am Fenster meiner Kabine stand, hinausschaute auf den rauschenden Fluss, über das dunkle

Wasser, das grüne, undurchdringliche Dickicht der Pflanzenvielfalt am Ufer erahnte, nur durch die schmale Sichel des aufgehenden Mondes erhellt, dann schien mir die Welt richtig und gut. Aber auch zugleich unendlich zerbrechlich und schützenswert. Das zeichnet diese besondere Reise aus: Besinnlichkeit, Einfachheit, Naturnähe und Langsamkeit. Das Langsame durfte ich bereits erleben, als ich in den Jahren 2008 bis 2012 zu Fuß in Richtung Santiago de Compostela unterwegs war und die Alpen überquerte. Mit dem Fahrrad an einem Fluss entlangzureisen, langsam und in der Stille unterwegs zu sein, ist ein ganz besonderes Geschenk.

»Es gibt Wichtigeres im Leben, als beständig
dessen Geschwindigkeit zu erhöhen.«
Mahatma Gandhi

Soll ich oder soll ich nicht? Vor mir liegt der Seniorendampfer, die »MS Nestroy«. Neun Tage lang und 2000 Kilometer geht die Reise heimwärts.

Im Bauch des Dampfers. Im Maschinenraum brauche ich
Ohrschützer wegen des Lärms.

Neuer Kapitän an Bord: Aufmerksam beobachtet Kapitän Ilia Rusev meine Fahrkünste am Ruder des Seniorendampfers.

Großes Hallo: Reiseleiterin Jenny Tumanova aus Russland, Hotelmanager Aymann Mohamed aus Ägypten und Kapitän Ilia Rusev aus der Ukraine begrüßen die neuen Gäste an Bord.

Geheimnisvoll steigt früh am Morgen noch vor Sonnenaufgang
Nebel aus dem Fluss auf.

Gewitterwolken über der »MS Nestroy«: Auch auf einem Fluss wie der Donau kann es heftige Gewitter und Unwetter geben.

Sicher verwahrt: Mein E-Bike hat einen eigenen Platz auf dem Sonnendeck bekommen.

Am Donaudurchbruch, einer Engstelle zwischen den Karpaten und dem Banater Gebirge in Serbien.

Heimwärts

Achtung Alarm: Die Schiffsglocke wurde in früheren Jahren einge-
setzt, um die Besatzung und andere Schiffe vor Gefahren zu warnen.

In Stein gemeißelt:
Vom Schiff aus sehen
wir die höchste Fels-
skulptur Europas,
die Steinstatue des
Dakerkönigs Decebalus
bei der Mündung der
Mraconia am serbi-
schen Donauufer.

DANK

Mein Discounter-E-Bike hat es geschafft! Jetzt steht es wieder bei mir zu Hause. Die beinahe 3000 Kilometer, die es hinter sich gebracht hat, sieht man ihm nicht an.

Das war nicht immer so. Ein zerborstener Mantel, geplatzte Schläuche und eine verschlissene Gangschaltung pflasterten unseren Weg. Dass immer wieder Menschen da waren, die mir weitergeholfen haben, dafür bin ich zutiefst dankbar. Der Rumäne, der kurzerhand das ganze Rad in sein kleines Auto gehoben hat, um mich zur nächsten Werkstatt zu bringen, ist ein Beispiel für die große Hilfsbereitschaft der Menschen in Osteuropa.

Dem Kapitän der »MS Nestroy« und dem gesamten Team auf dem Seniorendampfer danke ich für die Achtsamkeit und Fürsorge, die sie ihren Gästen zuteilwerden lassen.

Dass ich nicht von einem Auto, Bus oder Lastwagen erfasst worden bin, obwohl ich mit dem Rad auf den engen, stark befahrenen Straßen ein echtes Hindernis für den Verkehr darstellte, ist großes Glück. Ich bin gesund und wohlbehalten wieder daheim angekommen. Meinen Followern auf meinem Facebook-Account »Margot reist« danke ich für ihre Begleitung und ihr Interesse. Meiner Familie danke ich für ihre Unterstützung bei diesem Abenteuer. Dem Gräfe und Unzer Verlag und dem Filmteam danke ich dafür, dass sie nicht daran gezweifelt haben, dass ich die Reise bis zur Mündung der Donau ins Schwarze Meer schaffen würde. Meinem Co-Autor Titus Arnu danke ich für seine Geduld.

Impressum

© 2023 GRÄFE UND UNZER VERLAG GmbH, Postfach 86 366, 81630 München

POLYGLOTT

POLYGLOTT ist eine eingetragene Marke der GRÄFE UND UNZER VERLAG GmbH

ISBN 978-3-8464-0994-7

1. Auflage 2023

Text: Margot Flügel-Anhalt mit Titus Arnu
Redaktion und Projektmanagement: Julia Hirner, Susanne Kronester-Ritter
Lektorat: Titus Arnu
Satz: Nadine Thiel, Baldham
Karte und Illustrationen: Diana Köhne
Fotos: streetsfilm und Margot Flügel-Anhalt
Schlusskorrektur: Ulla Thomsen
Bild- und Kartenredaktion: Julia Hirner
Umschlaggestaltung: Favoritbuero, München
Herstellung: Gloria Schlayer
Repro: Medienprinzen GmbH, München
Druck und Bindung: Livonia Print, Lettland

Ein Unternehmen der
GANSKE VERLAGSGRUPPE

Wichtiger Hinweis

Ansprechpartner für den Anzeigenverkauf:
KV Kommunalverlag GmbH & Co. KG, MediaCenter München,
Tel. 089/928 09 60

Bei Interesse an maßgeschneiderten B2B-Produkten:
b2b-kontakt@graefe-und-unzer.de

Leserservice
GRÄFE UND UNZER Verlag
Grillparzerstraße 12, 81675 München
www.graefe-und-unzer.de

Umwelthinweis

Nachhaltigkeit ist uns sehr wichtig. Der Rohstoff Papier ist in der Buchproduktion hierfür von entscheidender Bedeutung. Daher ist dieses Buch auf PEFC-zertifiziertem Papier gedruckt. PEFC garantiert, dass ökologische, soziale und ökonomische Aspekte in der Verarbeitungskette unabhängig überwacht werden und lückenlos nachvollziehbar sind.